大数据时代的高等教育创新与实践

沙仲辉◎著

北京工业大学出版社

图书在版编目（CIP）数据

大数据时代的高等教育创新与实践 / 沙仲辉著. —
北京 ：北京工业大学出版社，2020.11（2021.9 重印）
ISBN 978-7-5639-7720-8

Ⅰ．①大… Ⅱ．①沙… Ⅲ．①高等教育－研究 Ⅳ.
① G64

中国版本图书馆 CIP 数据核字（2020）第 220035 号

大数据时代的高等教育创新与实践
DASHUJU SHIDAI DE GAODENG JIAOYU CHUANGXIN YU SHIJIAN

著　　者：沙仲辉

责任编辑：郭志霄

封面设计：点墨轩阁

出版发行：北京工业大学出版社

　　　　　（北京市朝阳区平乐园 100 号　邮编：100124）

　　　　　010-67391722（传真）　bgdcbs@sina.com

经销单位：全国各地新华书店

承印单位：三河市嵩川印刷有限公司

开　　本：850 毫米 ×1168 毫米　1/32

印　　张：2.5

字　　数：63 千字

版　　次：2020 年 11 月第 1 版

印　　次：2021 年 9 月第 2 次印刷

标准书号：ISBN 978-7-5639-7720-8

定　　价：40.00 元

前　言

随着信息化和互联网技术的发展，我们正在经历一场"数据革命"。大数据时代的到来，给社会生活的各个方面都带来了机遇和挑战。在大数据时代，每个人既是数据的缔造者，也是数据的使用者，更是数据的直接受益者。商业人士应用数据分析工具来分析消费者的行为和习惯，为市场营销决策提供数据支撑，来更好地满足消费者的需要。高等教育也受到了信息化和大数据的深刻影响。

信息化时代的高等教育，其基本特征就是"数据＋学习"。高等教育的大数据时代已经来临。有学者推断，大数据技术的发展会引发新的教育革命，如创新学生的学习方式、教师的教学模式以及教育政策制定的方式与方法等。大数据可以告诉我们，什么样的教学方法是最有效的，以及如何提高学生的学习成绩。因而，如何有效利用学习者的学习数据来推动教和学的发展，成为社会和学术界关注的焦点问题。

本书共分为四章。第一章为绪论，主要阐述了大数据时代的概况、大数据时代下高等教育研究的发展、大数据对高等教育的影响等内容。第二章为大数据时代高等教育改革研究，主要阐述了大数据时代高校思想政治教育面临的问题及应对措施、大数据时代程序设计类课程教学改革研究探索、大数据时代成人高等教育转型发展的研究等内容。第三章为大数据时代高等教育的创新发展，主要阐述了大数据时代高等教育新形式——翻转课堂、大数据时代个性化教育理念及创新前景等内容。第四章为大数据时代高等教育创新的具体实践，主要阐述了大数据时代民办高校转型发展的实践——以黄河科技学院为例、大数据时代应用型人才培养——以安庆师范大学为例等内容。

笔者在撰写本书的过程中参考了大量的文献和资料，在此向涉及的学者表示感谢。由于笔者能力有限，加之时间仓促，书中难免有疏漏之处，请读者给予批评指正。

目　录

第一章　绪　论

随着互联网大数据的逐渐兴起，云计算、互联网信息技术等新兴产业也得到迅速发展，各个行业都通过大数据技术紧密联系在一起，各个行业的生产与发展都受到了巨大的影响，高校的教育教学改革也在大数据的影响下迎来新的发展机遇。本章内容主要包括大数据时代的概况、大数据时代下高等教育研究的发展、大数据对高等教育的影响三个方面。

第一节　大数据概述

一、大数据的概念

大数据又称为巨量数据、海量数据、大资料等，是指无法在一定时间范围内通过人工或计算机进行捕捉、管理和处理的数据集合，是需要新的处理模式才能实现更强的决策力、洞察发现力和流程优化能力的海量、高增长率和多样化的信息资产。大数据时代指的是，其所涉及的信息资料量规模巨大到几乎无法完全通过目前世界上主流的软件和信息工具，在合理的时间内实现快速撷取、管理、处理，并整理成为具有积极目的的信息。因此，大数据时代高等教育的改革势在必行，能否利用大数据的思维重新认识教学改革，势必对高校的教学质量提升起到重要的作用并带来巨大的影响。

大数据和传统数据库有许多区别。首先，从数据规模和类型来看，传统数据库通常是以 MB 为单位的，且数据种类单一，而大数据的数据单位很大，通常以 GB、TB、PB 甚至 EB、ZB 为单位，且数据种类繁多。其次，从模式和数据关系来看，传统数据库是先有模式再产生数据的，而大数据很难预先确定模式，甚至有些时候模式是会随着数据量的增加而改变的。最后，从处理对象上来看，传统数据库中的数据仅仅作为处理对象，而大数据中的数据是作为一种资源来帮助分析其他领域的诸多问题的。

大数据技术的迅速发展推动了社会进步，国内外许多高校增添了新的一门学科即数据科学。大数据可以应用到诸多领域中，人们通过大数据技术获取海量数据，并对数据进行分析和处理，得到许多对未来具有研究和改进意义的结果。大数据为现代社会的发展做出的贡献千千万万。我们就针对大数据的起源、特点、局限和发展现状等方面内容进行综合性阐述。

二、大数据的起源

目前，IT 界普遍认为大数据起源于谷歌的"三驾马车"：谷歌文件系统、MapReduce 和 BigTable。谷歌工程师在 2003 年至 2006 年间先后公开发表了包含这几项核心技术的学术论文，在世界范围内引起了巨大反响，成功地吸引了众多互联网公司的注意。在各大互联网公司的技术推动下，最终诞生的 Hadoop 系统，在 2008 年 6 月之前处于相对稳定的运行状态。Hadoop 系统在发展过程中的一个标志是脸书（Facebook），在其数据仓库工具（Hive）上投入大量资源。Hadoop 系统高扩展、高容错的优点很受业内欢迎，被广泛应用于离线分析的场景中。2011 年 5 月，在以"云计算相遇大数据"为主题的"EMC World 2011"会议中，易安信（EMC）公司抛出了

"Big Data"这一概念。Facebook 公司在 2012 年将重点转移至 Presto，其查询速度很快，没有用到 MapReduce，很快便超过了 Hive。另外，伯克利大学 AMP 实验室开发了高速、灵活的 Spark 系统。Spark 系统的兴起是 Hadoop 系统生态圈的一个比较关键的转折点，在迭代计算和实时分析领域具有绝对优势。

2012 年，联合国发布了大数据政务白皮书，表明大数据时代已经到来，大数据的出现将会对社会各个领域产生深刻影响。大数据具有"5V"特性，包括数量（Volume）、类型（Variety）、速度（Velocity）、价值（Value）和真实性（Veracity），即海量的数据规模、复杂的数据类型、动态的数据体系、巨大的产品价值、有效的数据质量。现在，大数据正在进入教育的各个层面。教育领域中的大数据有广义和狭义之分，广义的教育大数据泛指所有来源于日常教育活动中人类的行为数据，它具有层级性、时序性和情境性的特征；而狭义的教育大数据是指学习者的行为数据，它主要来源于学生管理系统、在线学习平台和课程管理平台等。正确理解教育大数据并运用大数据进行探究，可以将凌乱的数据变成有用的信息，让教育不再局限于书本和课堂。了解并掌握大数据的相关信息，对于我们应对高等教育的变革、提升教育和教学质量有着重要的意义。

三、大数据的特点

（一）整体性

整体性是相对于系统的一部分或者元素来讲的。大数据思维要求人们将其所获得的大数据作为一个系统，那么这个系统的首要特征就是整体性。大数据的整体性是指在数据挖掘的过程中，我们需要重视全体数据的分析和整合，在研究问题的角度上，注重从整体上研究对象。古希腊哲学家针对世界本原问题的研究，经历了从对世界感性直观到对世界超感性抽象的过程。在大数据时代，人与世界的关系、思维与存在的关系通过海量数据紧密联系起来，大数据在某种程度上将成为人们对于世界本原问题的新解读。

在大数据时代，整体性思维是人们在面对问题、解决问题时的首选。在数据量迅速增长的情况下，与以随机样本为核心的小数据思维形成鲜明对比的是，以全体数据为核心的大数据思维显现出巨大的能量，即整体性。大数据主张进行全体数据的获取和分析，也就是通过整体性思维的方式来把握研究对象。

（二）涌现性

涌现性通常是系统整体所具有的特征，是指在系统中各部分、各元素单独存在时系统不具有，但是将它们组合成一个整体后系统所具有的特征，也称为"整体涌现性"。在大数据思维的背景下，新情况在不断地涌现，涌现性也成为大数据的重要属性。大数据整体具有的，而小数据单独、部分或者所有小数据所不具有的属性、特征和功能等可以称为大数据的涌现性。也就是说，当我们把大数据拆分为各个小部分时，大数据所具有的这些属性、特征和功能等便不可能体现在小数据上或者所有小数据上。

（三）多样性

大数据的多样性特征是通过数据种类的不同来体现的。关系数据库中存储的基本上是结构化的数据，如整齐的文字、数据或者同一种类的文件。而非关系数据库中存储的半结构化数据、非结构化数据，如不整齐的图标、表格、网页、视频或者其他类型的数据，成为大数据多样性的主要来源。多样性并不仅存在于大数据领域，我们人类生活的方方面面均存在多样性。可以说，社会、自然甚至宇宙万物都依赖多样性而存在。在人类社会中，人是社会关系的总和，社会关系是多样的，不同地区文化是多样的。在自然领域中，包括海洋环境、陆地环境、大气环境在内，生物多样性的存在让生物圈多姿多彩。事物的发展变化总离不开多样性。如此看来，大数据的多样性特征也不可避免。我们在注意到大数据中存在多样性特征的同时，应尽可能全方位把握多样性的存在方式，清楚多样性在大数据中的具体表现，为我们利用大数据奠定基础。

（四）非线性

在进入大数据时代以后，人类认识世界的方式将发生改变，大数据非线性特征将帮助人类在认识世界、考察世界的过程中，建立非线性观点。非线性是相对于线性来说的，是指方程的解满足叠加定理的现象或者系统所具有的特征。非线性是对线性的否定。在数学中，线性是一种具有比例关系的性质，函数表现是成比例的、直线的，方程的解满足齐次性或者加和性。而非线性是一种没有比例关系的性质，函数表现是不成比例的、不成直线的。我们在科学研究过程中采取的是线性思维，可以看作非线性的现实简化。由于世界本身是非线性的，采取线性思维，就是一种近似的思维。这样一来，我们看到的世界将是不真实的，也脱离了世界的本来面貌。大数据的出现带来了整体性思维，人们可以通过采集海量大数据的方式，得到现实世界第一手的数据。通过这些数据来了解我们的世界，这将更加接近真实、接近现实。在这样的意义上，大数据表现出了非线性特征。

（五）大量性

大数据的特征还体现为"大"，在从前的 Map3 时代，一个小小的 MB 级别的 Map3 就可以满足很多人的需求。随着时间的推移，存储单位从过去的 GB 到 TB，乃至现在的 PB、EB 级别。只有数据体量达到了 PB 级别以上，才能被称为大数据。1PB 等于 1024TB，1TB 等于 1024G，那么 1PB 等于 1024×1024G 的数据。随着信息技术的高速发展，数据开始爆发式增长。社交网络、移动网络、智能工具、服务工具等，都成为数据的来源。这迫切需要智能的算法、强大的数据处理平台和新的数据处理技术，来统计、分析、预测和实时处理如此大规模的数据。

（六）高速性

高速就是通过算法对数据进行速度非常快的逻辑处理，人们可从各种类型的数据中快速获得高价值的信息，这一点也是和传统的数据挖掘技术有着本质的区别的。大数据的产生非常迅速，主要通过互联网进行传输。生活中每个人都离不开互联网，也就是说，个人每天都在向大数据提供大量的资料，并且这些数据是需要及时处理的，因为耗费大量资本去存储作用较小的历史数据是非常不划算的。对于一个平台而言，其保存的数据只有过去几天或者几个月之内的，再久远的数据就要及时清理，不然存储的代价太大。基于这种情况，大数据对数据处理速度有非常严格的要求，服务器中大量的资源都用于处理和计算数据，很多平台都需要做到实时分析。数据无时无刻不在产生，速度更快的就有优势。

（七）价值性

价值性是大数据的核心特征。在现实世界所产生的数据中，有价值的数据所占比例很小。相比于传统的小数据，大数据最大的价值在于通过从大量不相关的各种类型的数据中，挖掘出对未来趋势与模式预测分析有价值的数据，并通过机器学习方法、人工智能方法或数据挖掘方法进行深入分析，发现新规律和新知识。例如，有 1PB 以上的全国所有 20～35 岁年轻人的上网数据，那么数据自然就有了商业价值。通过分析这些数据，我们就知道这些人的爱好，进而指导产品的发展方向等等。又如，有全国几百万病人的数据，根据这些数据进行分析就能预测疾病的发生概率。这些都是大数据的价值。大数据应用广泛，其运用于农业、金融、医疗等各个领域，从而最终实现改善社会治理情况、提高社会生产效率、推进科学研究发展的效果。

四、大数据的局限

（一）大数据的收集和存储存在难度

从大数据获取的广度层面上来说，我们目前主要面临的问题是无纸化存储盛行、文件数量和种类不断增多、非结构化的信息种类繁多、信息存在时效性。

1. 数据碎片化难以存储

数据的非结构化给存储带来难度，传统的数据都具有一定的数据结构，能够被存储在普通的关系性数据库中，然而随着数据源的不断扩大，数据呈现出非结构性特征。例如，随着传感器的小型化和智能化，往往一部智能手机就加入了气压传感器、温度传感器、磁场感知传感器。这些给人们带来方便的科技进步却给大数据的发展带来了困难。这些非结构性数据通常拥有更为丰富的信息量，但是带有更多的数据噪声，给数据的分析带来了很大的困难。此时开发非关系数据库，建立更为完善的架构显得尤为重要。

2. 数据时效性难以保证

数据的时效性往往影响数据是否能尽其用。按照时间来划分，数据可分为老数据和新数据。具有一定时间跨度的仍有利用价值的数据，往往具有分析和预测趋势的价值。对于新数据来说，现时性使其具有应用的价值，所得需要马上转化为应用。新数据不一定都能转化为具有研究价值的老数据，它的现实价值往往随着时间的流逝而消失。大数据的时效性使其并不能得到最大的效用，达到最大的效率。例如，用于探测地震和海啸的传感器所产生的数据时效一般都在秒级，要求在秒级的时间内迅速将灾害信息转化为御灾措施。美国国家海洋局利用超级计算机处理海底布设的传感器信息，在日本震后9分钟内预测接下来是否会发生海啸以及海啸的强度。短短的9分钟是挽救生命宝贵的时间。

基于大数据的实时营销就要求对于目标用户的信息进行实时掌握，即使营销信息做得符合客户的需求，一旦潜在的营销客户离开视线，那么营销就得不到应有的效果，这样的营销就属于无效营销。大数据的时效性要求对数据进行实时采集、实时加工，并实时分发出去。"1秒定律"要求数据的有效性都在秒级的范围内。在这个时间范围里，大数据处理设备需要计算大量的数据，进行数据处理、分析，最后将得出的结果投入生产活动中。然而，在现实生活中，受制于技术的局限性，上述场景很难做到，这在一定程度上限制了大数据技术的应用和发展。

（二）大数据的处理存在难度

1. 大数据处理技术门槛高

大数据处理技术门槛较高。从大数据的加工深度层面来说，除了要处理的数据本身基数大以外，现实的网络空间之中还每时每刻都在产生大量的新数据，这给传统计算平台带来了巨大的挑战。因此，为了处理海量的数据，我们往往需要搭建专业、稳定的计算集群进行处理，从而也限制了大多数企业获得进行大数据方面研究的进场资格。

2. 大数据噪声大

大数据往往带有大量噪声，给处理带来较大困难。在舍恩伯格和库克耶的《大数据时代》一书中，作者认为样本等于总体。笔者觉得这过于绝对了，且不说技术上是否能够获取所有数据，即使获取了所有数据，那么这也是一个掺杂了无数噪声的样本，能不能加工处理充满不确定性的数据将成为最大的问题。比较分析一篇完整的新闻和一篇微博，新闻一般能够提供足够的信息供人们去分析文本的感情色彩和进行准确的语义辨别，而微博能够提供的信息就非常有限了。只有通过研究机器学习算法，训练更为有效的分类器，才能利用更多的内部和外部数据来协助加工数据。引入其他数据的方式，有可能会产生更多的数据噪声，因此如何做到最优化，将根据具体情况做出取舍。同时，处理大量带噪声的数据样本时边缘设备与计算中心之间往往存在资源受限、资源浪费、高能耗和带宽负载高等问题。

3. 大数据具有不确定性

数据本身的不确定性给大数据的学习、预测与运用带来困难。通过分析海量的数据进行学习和预测，这是大数据技术运用的基本模式。然而，数据一定越多越好吗？中国台湾的林智仁教授开发的 LIBSVM 学习模型，在特征数和样本数相对较小的情况下，学习预测的效果最好。另外，大数据后期学习与预测有不确定性，数据本身并不带有标签，面对一个数据，单项大数据技术通过上下文、文中语境甚至是其他来源的信息来判断其含义和感情色彩。这样的判断方式具有片面性并最终形成了数据的不确定性。

（三）大数据的安全性要求高

1. 数据价值高，吸引黑客攻击

大数据蕴含大量丰富而有价值的信息，容易吸引黑客攻击。黑客攻击是一种针对特定网络目标、有企图的人为恶意攻击行为。黑客攻击一般有两种形式：一种是主动攻击，主动对被攻击目标进行漏洞查找、渗透等，破坏被攻击目标的信息完整性；另一种是被动攻击，通过嗅探、信息收集等方法非法收集信息。成功的主动攻击和被动攻击通常都会造成被攻击目标的损失，严重威胁网络安全。在一定程度上，黑客技术的不断发展将持续威胁大数据技术的发展。

2. 数据一旦丢失，难以恢复

由于大数据的收集、处理以及存储过程比较复杂，并且往往有时效性的要求，所以一旦发生致命性的硬件故障，想要重新获取数据难度极大。而在实际的生产场景中，操作者参与数据处理，操作者的安全意识不强或者其操作技术水平有限，

经常会导致数据丢失。操作员设置安全性低的口令引起恶意操作也会导致数据丢失。这些都给大数据的安全性造成了巨大隐患。例如，社保信息、档案信息等高敏感度数据要求安全性高的网络传输条件和存储条件，这对大数据处理设备的稳定性和安全性有很高的要求。大数据的发展在给社会带来便利的同时，也给数据保护工作带来了全新的技术挑战。

3. 大数据使用的安全性

大数据的特性决定了其会有巨大的威力，有效利用大数据技术能够为人们带来便利，滥用大数据技术则会给人们带来严重危害。2018 年上半年全球知名的社交服务网络公司——脸书，遭遇了史上最大的信任危机。在全球范围内，超过 5000 万条脸书的用户数据被泄露，第三方数据分析机构使用这些数据进行商业分析活动，事件甚至涉及 2016 年美国大选。此次事件不仅证明了大数据的威力巨大，也向人们证明了滥用大数据将会严重危害公民隐私。可以这样说，如果大数据的使用安全性、合法性得不到保证，人们将会抵制大数据技术，在采集数据源得不到保证的情况下，大数据技术将面临无数据可用的困境。

大数据时代已经到来，大数据技术的发展促进了各行各业的发展，让我们的生活更加便利。然而，目前大数据技术还存在一些不容忽视的局限性。当然这并不是否定大数据真正的价值，我们只有通过实践检验的结果去认识大数据技术的局限性和优势，才能更好地去发掘其潜力价值，从而高效地利用大数据技术。

五、大数据的发展现状

随着大数据技术的不断发展，许多国家都认识到大数据的重要性。以美国为首的多个国家先后发布了大数据的国家发展战略，联合国也发布了大数据政务白皮书。美国政府投入巨资到大数据的研究领域，将其作为重要的战略发展方向，并将大数据技术发展提升到国家安全和未来发展战略的高度。

我国科技界与信息技术密切相关的产业领域对大数据技术与应用的关注程度正在逐渐增强，并引起了政府相关部门的重视。自2016年开始，国家信息中心已经连续3年利用大数据技术反映"一带一路"倡议的建设进展和成效。除此之外，大数据技术目前已经在很多领域有了具体的应用案例。

目前，大数据行业主要分为三类产业：数据服务产业、基础支撑产业、融合应用产业。数据服务产业是以大数据为核心资源，以大数据应用为主业开展商业经营的产业，包括数据交易、数据采集、数据应用服务、基于大数据的信息服务、数据增值服务等。基础支撑产业是指提供直接应用于大数据处理相关的软硬件、解决方案及其他工具的产业，如提供大数据存储管理、大数据预处理软硬件、大数据计算、大数据可视化产品等。融合应用产业是指在业务应用过程中产生大数据，并与行业资源相结合开展商业经营的产业，如政务大数据、金融大数据、交通大数据、工业大数据等。

第二节　大数据时代下高等教育研究的发展

我国的大数据战略已经进入了实施阶段，高等教育理论的大数据时代也被提上日程，从大数据自身的特征以及我国高等教育数据累计的现状来看，大数据在提升政府对于高等教育的决策水平，推进高等教育教学改革，提升高校教学水平等方面均起到了积极的推动作用。在高等教育研究方面，传统的分析模式是以基础的计算模式来进行数据收集的，这种方式既浪费时间又耗费精力，大数据时代的到来可以解决这一问题。大数据的简单录入，能够很快地完成对这些数据的计算。大数据时代的到来明显改善了高等教育中数据缺乏的现象，高校通过网络可以迅速并且准确地收集到其所需的数据，将数据进行整合并建立起能够支撑大数据的资源，还可以设立安全防火墙以保障数据的安全。高等教育研究在大数据时代下可以有效提高教育质量和其研究的科学性，并形成一种开放、共享、合作的研究模式。

一、大数据的发现和收集为高等教育研究奠定基础

高等教育领域落后于大数据时代就是因为高校想做大型数据的研究却又没有数据。高等教育的数据包括数字方面、视频方面、图像方面、文本方面及音频方面。高等教育的数据一般从四个方面进行采集。一是高校为各个省级或者地方的教育部门发送各种类型的统计数据，这种数据一般会根据不同的职位和能力进行统计，可以不定时间送达。二是由政府方面进行统计，对每一所高校所拥有学生的人数、教师的人数和固定持有资产的数量进行统计，并做好统计表进行记录。三是由高校自身进行统计，有的高校会因为其自身的一些评估或者决策的需要，对校内学生的学习情况及自身情况、教学质量的评价、教师发展模式的建设等一系列数据进行统计调查。四是一些数据中心和科研机构也会进行调查，用来评估高等教育的质量，并将高等教育的内容输入数据库。

现代数据的收集模式除了这些传统的模式之外，重点选用以网络数据为基础的数据。高校可以将本校的师资力量、学生人数、固定资产、办学水平、校内宿舍的面积和所进行的科研项目等全部体现在本院校的网站上，并为其添加拍摄好的图片。这种大数据的收集可以使人们将一些固定事件和物品做好记录。对于高校的社会声誉在网站上也可以有一些简单的介绍。这样以网站的方式进行数据采集在很大程度上减少了以往采用问卷调查方式所耗费的人力，让高校的相关数据可以被发现并且能够共享。

二、大数据的应用成为高等教育研究实践的关键

高等教育研究的意义一般分为两种：一种是通过研究可以使高等教育的相关理论得到发展；另一种是通过研究可以发现高等教育发展的方向，并为政策的制定或者改革提供一定的指导。高等教育的发展不可缺少的就是大数据时代的配合，因为大数据时代最明显的价值就是可以对事件的发展进行预测，通过对全部样本的分析，对事件的先后顺序进行比较准确的预测。将大数据应用到高等教育之中可以使高校的管理情况得到显著改善，有效提高高校的教学质量。

三、大数据的分析使高等教育研究的科学性得到提升

传统的高等教育一般以抽样的方式或者固定性的研究进行常规调查，这样的调查模式得到的结果，其科学性较为弱一些。而大数据时代的到来，使高等教育研究逐渐由固定抽样的模式变成全部样本的模式，这种模式可以使高等教育研究的科学性得以提升。在高校中应用大数据，可以使研究者在得到原始的数据之后，将其尽快转变成更加有效的数据，为研究提供

便利又准确的解决办法。但是，数据终归是数据，想要得到数据分析的准确结果就要求研究者的思维必须是活跃的，研究者要具备大数据的思维能力，能够分析出其中的真假数据，可以分析数据、管理数据和合并数据，让数据变得可以让人看见和了解，最终使研究结果更具有科学性。

第三节　大数据对高等教育的影响

大数据的到来使得我们的生活变得更加充实，大数据将我们的生活层次提升到全方位、高科技、多技术的水平，可以说大数据时时刻刻都在影响着所有人的思维方式和生活方式，因而也不可避免地影响着教育工作。不可否认的是，一方面，大数据技术平台，无论是对社会发展，还是对人类进步都发挥了一定的积极作用，为提高社会生产力的发展速度和水平做出了巨大贡献。另一方面，我们还需清醒地认识到大数据可能对于人类个体以及全社会发展产生一定的负面影响。

一、大数据时代对教育事业的积极影响

教育作为人类社会的一大产物，不同社会背景、时代背景都会对教育产生一定的影响，如今我们已步入大数据时代，教育事业的发展在教育体系、教育理念等各个方面都受到了不可低估的积极影响。

（一）大数据推动教育平台发展

随着科技的不断进步，教育系统不断优化、教育平台日趋多样化，大数据也在教育领域逐步发展起来。一方面，在现今的高等教育中，除了传统的课堂教学外，对于高校在校生而言，同类或同门课程课下的学习巩固，在网络平台上还可实现自主

跟进学习。与此同时，对于同门课程，学生可结合本校教师与平台课程上其他高校教师讲授的内容，通过不同教师的侧重角度来加深对该学科的理解，进而提升学生对该学科的认识水平。尽管面向学生的学习平台还不是很普及，但现在常见的且备受欢迎的微课平台、翻转课堂都对学生学习有着一定影响。通过技术促使教育教学系统不断优化，以及平台不断扩充，人们从中获取很多有关教育的数据信息，推进教育大数据的发展。另一方面，教育大数据的不断发展，也促使我们通过更多、更全面的数据信息，更加合理有效地对整个教育系统进行完善，从计划到管理，从管理到理论教学，再从理论教学到实践平台都凭借着这些数据信息实现进一步的高质量发展，最终实现教育体系的最优化。

（二）大数据改进学生学习方式

在传统教育体系中，学生学习的主要呈现形式是课堂教学，凭借着教师的讲授和对教材的理解来获取新知识。但从心理学角度而言，每个人都是不同的个体，无论是心智还是状态都有差异。传统课堂并不能完全解决这一问题，然而，在大数据时代背景下，教师通过学生的基本信息可以了解学生的爱好和家庭背景，对于学生有一定的初步了解，通过以一周或半个月为周期的机动学习时间，记录学生在课堂上的相关数据，利用相关软件或一系列的自主研发系统进行数据分析处理，进而提取出相关信息，发现学生所擅长的学科体系，建立具有个人特色的学科群进行培养，促使学生的学习体系得以完善，实现个性化教育,将大数据的作用在真正意义上与传统教育相结合。这促使学生提高学习的主动性，思维的活跃性、创造性，并使学生的兴趣爱好等得到均衡发展，实现学生"学在其中、乐在其中、学有所获、学有所乐"的学习效果。

我国著名教育家、儒家学派代表人物孔子所提倡的"因材施教"教育理念,在大数据时代下的学生教育工作方面可以得到更好的诠释,使得对学生的教育更加合理化。同时,在大数据时代下,多种平台资源的提供促使学生在学习知识的过程中更加灵活机动,不再受条件、年龄的限制,只需要研究探索某一领域的知识,在自己拥有一定专业基础知识的背景下,通过网络课程平台都可以获取更多相关领域的知识来满足个人的求知需求,实现个人学习方式的灵活化。

(三)大数据助力教师教学工作

对学生的了解程度是教师进行有效教学工作的重要因素,针对不同学生的学习特点,教师在大数据的应用过程中建立了更为合理的个性化学习体系。与之同步的是教师的教学体系,一方面,基于大数据的应用,参照课堂上的相关数据(如内容难度系数、学生课堂融入指数、课堂互动系数、随堂练习准确率、学生课程评价指数等)进行统计、处理、分析后对于相应的教学内容进行初步调整,再结合学生个人相关数据情况进行进一步调整,从而确保个人教学活动实现最佳效果。另一方面,面对这样的大数据时代,教师更需要掌握丰富的知识来充实自己,从另一个视角来看,这对于教师在日后的教学过程中设计、采用的教学方式提供了一定的资源和拓展方向。能力的多元化发展是信息化时代的要求,利用相关软件制作微课上传到课程平台,这一方式既向大家呈现了教师个人的教学方式和教学理念,也使其通过互动平台与其他教师进行交流,积累更多的经验来充实自己。另外,大数据时代也强调教师要具备数据分析和解读能力,并依此对教学工作进行再调整、再设计以及发展分层教学的能力，进一步实现教师教学能力的多元化发展。

（四）大数据推动教育生态圈发展

自人类社会诞生以来，教育就产生了。从原始社会时期到现今时代，人类从开始为了基本生存需要捕猎，传授下一代捕猎方法到今天的大数据时代通过算法、程序等方式呈现各行各业的高端技术，以服务人类生活，教育贯穿于这整个过程之中，也体现了教育的社会效应。这具体表现在如下几个方面。

1. 大数据发展促进未来逐步形成全智能化社会

随着科技的发展，教育工作的实施效果会越来越全面地以高端科技的形式来呈现（如电子教科书、电子白板、多媒体教室、智慧书桌等），完成对一代又一代学生的培养。在环境的影响下，这些新一代学生在步入各行业领域中时对事物会持更高的标准，进而产生更强烈的创新意识，推动科技水平的不断提升，逐步促进智能化社会到高智能化社会，再到全智能化社会的发展。

2. 大数据发展推动社会教育理念等多方面社会理念不断更新

社会理念是一个复合型的概念，它的体现包含着多个层面，如社会教育理念、社会生活理念、社会文化理念、社会经济理念等。但无论是社会教育理念，还是其他社会理念，随着社会的进步，这些理念本身就在转变。在大数据时代背景下，这种转变变得周期更短、频率更快、标准更高，并且具有更深的意义和影响力。

3. 大数据发展推动社会教育资源更为公众化、教育机遇更为平等化

一直以来教育资源共享、教育资源公众化是人们十分期待的一件事情。在大数据时代，凭借着对数据的归类处理，越来越多的教育资源在网页、手机应用程序等平台以多样的形式呈现给大家。伴随着大数据的飞速发展，未来其呈现形式、数量、来源都将有更大的变化，将有越来越多的知识可呈现给更多的社会大众，使之趋于公众化。另外，社会教育机遇也是人们关注的热点，大数据的应用可以帮助人们有更多受教育的机会，使人们摆脱传统教育方式的束缚。多样化的平台，使得更多的人有机会学习自己感兴趣的知识，从真正意义上实现教育机遇平等化。

（五）大数据驱动教育管理进步

教育管理一直以来是教育工作中十分重要的一部分，在大数据时代背景下，原有的教育管理主体，即以政府为中心开展教育活动的主体，逐步转向为多元主体并存。其关键在于，在政府、学校、家庭这些传统教育的几大中心之外，基于互联网技术、大数据精细化分析技术等的教育管理体系的网状结构正在形成。这就形成了教育管理体系的多元化主体。就目前而言，教育管理体系可分为传统管理体系和信息数据化管理体系。传统管理体系主要是以早期的纸质形式呈现的管理模式。信息数据化管理体系随着大数据技术的成熟与发展，数据的类别越加丰富，数量基数跳跃性增长。在对教育信息的数据化管理提出更高要求的基础上，动态模式是推进教育信息数据化管理良好发展的有效方式。

二、大数据时代对教育事业的消极影响

大数据时代对教育事业有很多积极影响，与此同时，我们也面临着许多新的挑战，这一时代存在着一系列不容忽视的隐患。因此，在我们的教育领域，大数据的应用也带来了一系列的消极影响，具体表现在以下几个方面。

（一）教育信息存在泄露的隐患

信息泄露的隐患一直以来就是一个焦点问题，自计算机技术与互联网技术发展以来这一问题就十分凸显。在如今的大数据时代下，信息经过大量的数据处理最终得以保存，那么这些信息的保护措施随着大数据的发展也要同步发展，因而我们需要更高水平的密码技术，更强的保护系统。对于教育信息而言，从某种层次上讲，它需要更高层次的保护措施。最直接的原因在于，在教育系统中学生的信息是对每个学生未来发展有着深远影响的，如果由于信息的保护措施不到位，导致信息缺失、泄露，或被篡改，且缺少具有针对性的应对手段，这将给学生日后发展带来永久性的损害。

（二）学生类别和学习目的的辨识度不高导致可能的安全隐患

无论是教师还是家长都注重学生能"学以致用"。然而，极少数学生或许曲解了这一词语的意思，而将知识运用在错误的事情上。这一众所周知的道理，在这一时代构成的隐患系数更是前所未有的。尤其是医疗化工类课程，在选择这类课程的学生中，如果某个学生在较长时间内只关注某课程的某一节内容，或许最终不是知识的拓展、能力的提升，而是构成犯罪或是产生一定的安全隐患。

　　尽管这是小概率事件，但我们不能排除这一情况也存在的可能性，那么为了避免这种情况的发生，我们是否应该考虑应用数据分析结果，创立算法或程序加强对管理和监测系统的完善，是否应考虑将选择此类课程的学生信息系统更加细化，创建更加严格的筛选系统，进而避免不必要的后果。

（三）大数据的概率预测的误用对教育决策存在不利影响

　　了解算法或是学过数据处理的人都知道，大数据具有规模大、数量多、种类多的特点。也正是因为其有这样的特点，从而也有了信息反馈、个性化分析和未来概率预测的功能。面对预测功能，学习过概率论与统计的人都知道，统计与分析的有效数据越多，推算的概率越有效。但是，这并不代表在大数据的平台中，有效数据量多，就可以直接用推测来做决策。以教育领域为例，教育的决策除了通过对一系列与教育有直接联系的数据进行处理和分析，将最终的结果作为参考外，其他诸如文化因素、地域因素、政治因素等也是需要作为参考的，毕竟决策是系统性结论，不是单凭某类或某个因素来决定的。

　　另外，有效数据的获取是建立在一定条件上的，尽管是有效数据，但是否应用合理是确定概率预测是否有效的关键。比如，撰写《关于长三角地区教育改革决策》和《关于全国教育改革决策》时，针对长三角地区的相关数据在两大决策里都有作用，但在前者是全部有效数据，在后者是部分有效数据。尽管长三角地区的相关数据本来就属于一个大的数据体系，但是对于后者的决策仅凭这一数据体系得到的结论则必然是错误的。

（四）大数据等技术的过度应用可能会削弱未来年轻一代的创新意识和能力

技术是每一个时代发展的推动源，同样的，在大数据时代，大数据的广泛应用为我们提供了更多的发展资源，提供了更多便捷高效的高新技术。然而，对于这一时代的年轻人而言，特别是对于青少年而言，这些技术对于他们未来的发展仅仅是实用的工具吗？结合心理学的层面设想一下，在他们已有的环境里，给予他们的条件十分优越，资源十分充裕，至少在没有确定最终理想目标的时候，一切都可以说是近在眼前。这看似很美好的场景，我们如果身临其境，就不难发现，所谓的好奇心在这样的环境下经过一段时间后会明显削弱。对于这些"00后"的孩子而言，他们见证了这个高科技时代的迅速发展。自他们出生以来到现在，一直处于这种环境下真的是一件好事吗？

接触过中学生或小学生的人会发现这样一个普遍现象，学生的近视率连年升高，学生的心态脆弱性持续升高（如中小学生抑郁症患者比例、自杀率，心理处于亚健康或不健康的人数比例）。这其中会有反对的声音说这些问题跟高科技的应用没有什么大的联系。笔者认为，尽管近视率的增长、心态脆弱性增加的根本原因可能并不是这些高新技术的使用，但是，一部分学生出现上述问题确实是由这些技术所导致的。抑郁症患者在中小学生中比例提高，产生这样的结果就是因为高端技术给他们带来的便捷以及充裕的生活体验，使得他们的未知事物数量减少，因未知而感兴趣所引发的好奇心在削弱，他们进而逐渐变得抑郁。

我们都知道，创新是由好奇和想象引起的，在大数据时代，高新技术家喻户晓，成为万千大众的必备品，这背后隐藏着的就是好奇心的削弱。当高新技术越发趋于日常化，人的想象力与好奇心也在淡化，原本的创新意识就会变得淡薄，同时，人们的创新能力也会有所下降。而这个问题，也正是我们生活在大数据时代的每一个人需要去思考和关注的。

第二章　大数据时代高等教育改革研究

随着时代发展，我国已经进入信息化社会，物联网技术、云计算的高速发展产生了海量的数据，这些数据被定义为"大数据"。党的十八届五中全会将这些大数据提高到了战略层面，属于国家重要的战略资源，国家要求社会各界充分运用大数据的思维方式思考与解决的问题，打破过去传统惯性的方式方法。本章主要内容包括大数据时代高校思想政治教育面临的问题及应对措施、大数据时代程序设计类课程教学改革研究探索、大数据时代成人高等教育转型发展的研究三个方面。

第一节　大数据时代高校思想政治教育面临的问题及应对措施

大数据并不单指狭义上的"数据量庞大"，它还指大数据技术能够从各类数据中找到关联性，从而收集到人们需要的信息。作为互联网数据系统中的重要阵地，高校无论是在知识性，还是在思想性上都最为活跃，其管理模式、教学模式、科学研究模式和思想教育模式等都深受时代的影响。高校有着重要的历史使命，其思想政治教育工作还有很长的路要走。在大数据时代背景下，积极地探索大数据时代高校思想政治教育的特点，把思想政治教育工作与大数据结合起来，改变思想政治教育理念，促进思想政治教育工作模式不断创新，已成为各高校应当高度重视的课题之一。

一、大数据时代给高校思想政治教育带来的机遇

（一）大数据技术可以多渠道把握学生的思想动态

思想政治教育的一个显著特点，是必须把握学生的思想状况。教师上课传统的做法是，通过课堂观察、交流互动等途径，观察学生的行为表现，了解学生的思想动态。这样的方法主观性强，缺乏精准性和及时性，学生潜在的思想问题不能及时得到发现与解决。然而，在大数据时代，教师可以通过收集学生的各类数据信息来革新陈旧的教育教学方式。比如，根据学生的刷卡消费记录、图书借阅量、网页浏览信息、网络发布内容等情况，在大数据应用平台将这些信息进行分析和处理。虽然，学生的内心动态不可见，但数据是直观的，数据分析将学生思想变得可视化。教师通过数据分析结果可以理解与把握学生的思想变化规律，能够掌握教育的有利时机。同时，大数据分析还可以预测学生可能出现的思想偏颇情况，使教师及时做好教育防范工作。

（二）大数据技术为受教育者提供个性化服务

大数据技术可以让教师收集和分析相对完整的学生数据信息，利用数据信息了解学生个体的家庭环境、人际交往、受教育经历、心理状态等情况。这样，教师对每个学生的认知是不存在片面性的。比如，某位同学一个学期内迟到了五次，平均每月一次。从经验上来说，教师会有两种做法：一种是认为该生迟到频率不高，直接忽略他的迟到行为；另一种是单纯统计该生的迟到次数，并认为是该生行为太过懒散而导致迟到。然而，在大数据的背景下，根据数据的运算或相关的解读，教师可以掌握该生当日迟到是否与其身体健康状况有关联，是否

迟到有规律性（如只针对某门课程的迟到行为），是否修正过自身迟到行为。该生的迟到行为可以通过大数据信息，实现个性化分析，便于教师掌握实际的情况。

高校的学生在思想行为上有时会出现偏差，因此，追踪每位学生的数据轨迹，将他们的学习能力、兴趣、天赋等加以数据形式的量化，以全面精确地把握每位学生行为习惯的数据，才能实现真正意义上的思想政治教育个性化服务，进而可以更加有效地提高高校的思想政治工作的实效性。

（三）大数据技术可以构建多维度的高职院校学生德育评价体系

目前，很多院校都致力于建设以数字化为基础的"智慧校园"，这打通了学习系统、管理系统、后勤服务系统、在线资源等的壁垒，实现了数据资源共享。而构建大数据评价体系，是实现个性化、差异化人才培养的有效手段。高校学生德育评价体系应主要侧重于学生的学习成效、生活状况、价值倾向和心理状况等方面的数据挖掘与评价模型构建。通过构建大数据评价系统，把学生的学习行为、思想行为、生活行为通过数据化的方式予以呈现，并对学生行为特点、行为规律、心理活动、精神健康等方面做出客观评价，多维度把握学生思想上的问题和规律，找到促进高校学生健康成长的德育方式。

二、大数据时代高校学生思想政治教育面临的挑战

（一）思想政治教育研究方法从流程范式研究转变为对数据的精细甄别

在传统的思想政治教育的相关研究中，教师通常会采用"抽样调查"的研究方法。其研究程序包括：明确研究目的—设计问卷—确定调查总体—编制抽样框—抽取各类样本—评估与分析样本质量。这套流程比较严格和规范，属于传统的科学化研究范式，样本的误差也比较小。而在大数据时代，实现了"样本＝总体"，样本收集的信息量大，并且是实时更新的。但是，样本未经关联与整合，收集的信息较杂乱，甚至会出现虚假信息。大部分数据信息是预测的，这就使得在思想政治教育范畴里，大数据时代技术的运用导向可能不可靠。

因此，当教育工作者在甄别数据的时候，真实性和有效性要及时得到验证与确认，不能让大数据提供给教师的信息变成"双刃剑"，用错误的信息来作为学生的标签。这就要求教育工作者要具有较高的专业素养，既能收集数据，还能分析数据，并在数据中发现问题、解决问题。

（二）大数据采集与学生隐私意识间存在矛盾

人们的一切活动在大数据面前变得透明且有规律可循，思想政治教育工作者通过对这些数据的分析，就能够知晓学生的行为和思想动态，进行有预测性的教育和引领。将大数据技术运用于高校的思想政治教育工作中，就必然要收集学生所有的生活和学习数据。在高校内基本形成了一个社会生态圈，学生的所有信息都会被记录，如"一卡通"消费记录、借阅书籍数量、出入校园和宿舍的门禁时间、学习成绩、选课情况、各类

获奖或违纪记录、宿舍卫生成绩、网络空间里的各种言论、网络平台上发布的照片和视频等。对于这些数据进行收集时不可避免地会涉及学生的隐私。

随着社会的进步，学生的个体意识越来越强，其在法律层面上的隐私保护意识也与日俱增。当学生相对敏感的个人信息被用于教育过程中的数据佐证时，势必会使其产生极大的排斥感。这种排斥感来源于个人信息被监控的不安全感。另外，校园"一卡通"几乎包含了学生在校期间的所有生活轨迹，如果这样的隐私信息在信息系统尚有缺陷的情况下被泄露出校园外，很可能会被不法分子利用，这也是我们在现实中不得不面对的问题。

（三）大数据时代多元价值思潮影响学生的人生观、世界观和价值观

经验证明，高校学生在入校以后不久，往往会处于自我认知、社会认知、未来认知的迷茫时期，其在面对纷繁复杂的、无时无刻不在更新着信息的大数据时代时更是如此。这些信息良莠不齐，特别是西方国家利用影视文化作品进行价值观输出，甚至有些历史虚无主义思潮否定历史的必然性。这些信息干扰主流意识形态的传播，使学生很容易在这些信息中迷失自我。

中国高等教育肩负着培养德、智、体、美全面发展的社会主义事业的技能型建设者和接班人的重要任务，必须坚持正确的思想政治方向。如何坚定学生的社会主义信念，如何帮助学生树立正确的人生观、世界观、价值观，这需要思想政治教育者的努力思考。

三、大数据时代加强和改进高校思想政治教育的措施

根据上述分析，在大数据时代下，高校的思想政治教育既有机遇也有挑战。面对大数据时代的挑战，作为思想政治教育工作者应勇于面对时代的变化，直面大数据时代，积极应战，切实加强和改进适用于高校的思想政治教育方式，探索大数据时代思想政治教育的新措施。

（一）做好宣传，形成共识，规范大数据运用的程序

我们要充分将大数据思维运用到把握学生思想动态的过程中，加强大数据运用于思想政治教育的必要性、科学性的宣传；要让学生和家长明白大数据运用是信息时代的科学手段，只要技术规范，运用法律手段进行数据隐私的保护，符合伦理道德，就没有必要过于担心隐私会被随意泄露。

另外，数据要变得有价值就必须互相关联、实现共享。因此，高校的教育管理者、思想政治教育工作者、教育辅导部门、家长、学生等不同层面应达成共识，各部门数据打破壁垒，形成数据共享模式，建立和完善大数据管理制度，运用大数据技术进行宏观数据的整合与筛选，逐步构建标准的数据整合工作流程。这样，我们才能够在思想政治教育的领域中占领先机并处于优势地位。

（二）投入专项资金，建立符合高校的思想政治教育大数据的精准评价模型

马克思认为："一种科学只有在成功地运用数学时，才算达到真正完善的地步。"因此，思想政治教育工作者运用大数据技术收集学生的各类数据进行定性与定量分析，分析后进行精准评价，这就需要建立数学模型。用物联网等平台收集学生

的大数据，利用聚类、支持向量机、人工神经网络等数据挖掘方法，从学生家庭信息、消费能力、学习情况、心理状况和网络痕迹等方面，全方位地对学生思想政治水平进行定量精准分级。这主要以校园"一卡通"消费信息、教务系统成绩数据库、图书馆书籍借阅记录、宿舍门禁信息、集体活动参与记录、评优或违纪记录、心理评价得分等多维数据为主。同时，对精准化评价模型的有效性采取多渠道方式进行验证和改进，可使高校学生管理工作科学化、规范化、合理化和高效化。

（三）因材施教，适时进行正确价值引导

"有教无类"是我国自古以来的教育理念，这指出教育要因材施教。大数据技术可以给学生提供个性化服务，同样，对教育者也提出了更高的要求，教育者应更新教育理念，利用大数据技术实时分析学生关注的热点，课程内容也可适时调整，定制教育学生的"私人套餐"。当前，各大院校都在积极探索网络教学模式，微课和翻转课堂这些教学模式比较流行，其教学效率也比较高。高校的思想政治教育尤其要注重学生道德品质及意识形态方面的教育和引导。

因此，教师应利用大数据分析学生的学习轨迹，关注他们感兴趣的热点。教师在教育教学的过程中，既要给予学生精神上的引领和情感上的关怀，也要有意识地引导学生在这些热点事件中，形成正确的价值观和人生观。

总之，大数据时代的到来，为思想政治教育带来了变革性的机遇，高校作为高等教育的重要组成部分，应当将院校的特点与大数据时代的特点结合到一起，牢牢把握大数据时代思想政治教育的主动权和引导力。

第二节　大数据时代程序设计类课程教学改革研究探索

随着互联网领域云计算、物联网、社交网络等新技术的兴起与广泛应用，互联网推动人类进入了大数据时代。大数据技术已经成为人类社会发展的重要基础技术，极大地影响着人类社会发展的方方面面。大数据技术给人类生产和生活带来极大便利的同时，也给人类的政治、经济、文化带来了全新的挑战。舍恩伯格和库克耶在《大数据时代》中指出，大数据带来的信息风暴正在改变我们的生活、工作和思维方式，开启了一次重大的时代转型，也颠覆了千百年来人类的习惯性思维，对人类的认知与世界的交流提出全新的挑战。这种挑战与影响也波及了教育领域，特别是渗透到与大数据技术密切相关的计算机教育领域。

传统的程序设计类课程教学模式已难以适应大数据时代新的思维方式以及对计算机专业人才新的需求，为此我们将在充分研究大数据时代特色的基础上，深入分析大数据时代程序设计类课堂教学模式的现实情况，探讨适应大数据时代需求的程序设计类课程的教学模式。

一、传统程序设计类课程教学发展困境

（一）教学理念落后

传统的程序设计类课程的教学注重对学生程序设计能力的训练，往往过分重视程序设计语言基础知识的讲授，忽视对学生数据分析能力的培养，缺乏与学生的有效交流沟通，亦没能充分利用新的信息技术与网络资源，课堂氛围不活跃，学生学习积极性调动不起来，也就无法引导学生进行积极思考与创新。

（二）教学目标滞后

教育部高等学校计算机科学与技术教学指导委员会发布的《程序设计基础课程教学实施方案》中提出，程序设计类课程注重从问题提出、算法设计、数据结构确定到代码编写、程序调试等程序设计各个环节培养学生利用计算机解决实际工程应用问题的能力。然而，大数据时代的到来使程序设计类课程的教学理念、教学思维、教学评价等发生了深刻变化，传统的单纯注重结构化程序设计能力培养的教学目标已与大数据时代不相适应。

（三）教学内容陈旧

程序设计类课程是一门应用性、实践性和现实性很强的课程，而传统的程序设计类课程的教学内容更多是传授高级程序设计语言的基本内容、程序设计方法、简单的数据结构与算法基础的初步知识，大多已无法跟上大数据技术的发展步伐与满足大数据时代的需要。

（四）教学方法枯燥

传统的程序设计类课程的教学方法与教学手段较为单调，仅仅运用简单的多媒体幻灯片教学和进行课内演示实验，课堂教学气氛比较沉闷，难以激发学生学习程序设计的兴趣。这就造成学生学习效果较差，不能较好地掌握程序设计技能。

（五）实践环节薄弱

以往的程序设计类课程在创新实践教学的总体规划、内容设计、学时分配与考核等方面不合理，实践教学效果较差。实践教学环节设计缺乏系统、科学的规划，实践创新项目内容深度不够，大多是一些基础性的验证性实验，实训过程过多关注程序设计语言本身的训练和数据的简单呈现，而忽视了对学生整体性与综合创新性思维的培养，不能满足大数据时代对大数据分析人才的广泛需求。

二、大数据时代程序设计类课程教学改革思路与对策

（一）注重大数据思维训练以深化课程教学目标

大数据时代新的人才培养目标应该是培养具备大数据思维的专业人才。为适应大数据时代对人才新的要求，程序设计类课程的能力培养目标应从简单的培养学生的程序设计能力、分析与解决问题能力进一步深化为在数据获取、分析与利用的全过程中培养学生的数据思维、系统思维与创新思维，使学生学会结合多学科领域知识，从大数据视角出发进行数据分析与数据管理以实现创新实践，使其初步形成分析问题、解决问题的大数据思维能力。

（二）树立大数据科学理念以创新程序设计教学内容

随着社会数字化程度的不断提升，各不同学科在数据层面趋于一致。为紧跟大数据时代的发展步伐，我们理应树立大数据的科学理念，创新程序设计类课程的教学内容，加强不同学科领域客观事物的数据表示、多学科的数据融合分析、跨学科的数据挖掘利用、跨媒体的数据可视化分析等新的程序设计类课程教学内容的教学工作，切实增强程序设计类课程的大数据学科理论基础。

（三）融汇大数据技术思想以丰富程序设计课堂教学模式

在大数据环境下，课堂教学不再是简单的知识传授，而是

一种知识共享、一种知识融合与创新。程序设计类课程课堂教学要与大数据技术发展相适应，就应改革程序设计类课程课堂教学模式，在其课堂教学的全过程中融合大数据技术思想。

首先，教师本身应具备大数据思维，要充分认识到大数据是一种极其重要的战略性教学资源，要切实主动地将大数据应用于课堂教学过程中，实现大数据与课堂教学的充分结合。其次，大数据时代的程序设计类课程的课堂教学中要注入数据思维，转变问题思维为数据思维，引导学生基于数据出发分析问题。最后，教师要运用基于大数据的多样化教学手段活跃课堂教学气氛，提升程序设计类课程的课堂教学效果。

（四）强化大数据分析应用以推动程序设计实践创新

大数据本身并不产生价值，如何分析和利用大数据总结经验、发现规律、预测趋势以为管理决策服务，这才是大数据的价值所在。程序设计类课程教学要培养具备大数据思维的专门人才，就应在教学过程中强化大数据的应用与分析。促进程序设计类课程对实践创新能力的培养，我们具体从三方面着手：一是以大数据处理为基础，增强大数据技术能力；二是以大数据应用为导向，突出大数据技术灵活运用；三是以大数据分析为手段，落实大数据技术应用创新。

大数据时代的来临引发了高等教育教学的重大变革，为程序设计类课程教学带来机遇与挑战。在充分挖掘大数据时代特色的基础上探索大数据环境下程序设计类课程教学改革的基本思路，将大数据技术充分融合到程序设计类课程教学中，提高课程教学质量，培养适应大数据时代需求的专业技术人才。今后，我们要进一步加强大数据在专业技术人才培养过程中的应用研究，深入探讨大数据背景下多学科交叉的专业人才培养模式。

第三节 大数据时代成人高等教育转型 发展的研究

成人高等教育作为我国高等教育的一支重要力量，经过改革开放以来多年的发展，取得了巨大的成就，形成了由普通高校成人教育学院和独立设置的成人高等教育学校组成的庞大体系，为国家的经济发展培养了一大批有用的人才。近年来，随着社会的不断进步，成人高等教育的发展遇到了前所未有的困难，甚至出现了生存危机。那么，在大数据时代下，如何将成人高等教育这一曾经辉煌的高等教育模式继续发展下去，为我国的经济建设培养更多有用的人才，成为成人高等教育工作者必须研究的课题。

一、成人高等教育发展状况与分析

20 世纪 90 年代，由于我国市场经济的发展以及改革开放的深入，国家对人才的需求数量巨大，当时普通高校全日制教育培养的人才数量无法满足社会发展的需求，成人高等教育顺应时势得到了快速发展。当时，成人高等教育的学历得到了社会的认同，成人高等教育毕业生也得到了用人单位的认可。这一时期是成人高等教育发展的鼎盛时期，成人高等教育为我国市场经济的发展培养了大量的人才，解决了当时全日制高等教育毕业生紧缺的社会问题。

进入 21 世纪以后，随着我国高等教育大众化发展步伐的加快，普通高等教育持续扩大招生，特别是高职教育和自学考试的迅速发展，都对成人高等教育造成了很大的冲击。我们根据 1997 年至 2015 年的《全国教育事业发展统计公报》公布的数据，对普通高等教育和成人高等教育的一些指标进行了统计和分析，从中可以发现高等教育发展的基本态势。自学考试的规模远远超过了成人高等教育的规模，跃升为我国第二大学历教育模式，这在很大程度上使成人高等教育的生源形成了分流。

进入 21 世纪以来，随着互联网信息技术的发展，我国又出现了远程教育、在线教育等新的教育形式，使成人高等教育面临的生存与发展环境更加严峻。

二、影响成人高等教育发展的主要原因

成人高等教育的发展除了受到普通高等教育、自学考试等教育模式的竞争影响以外，其在国民教育中的地位和作用的弱化，其自身体制僵化、人才培养模式保守、人才培养质量不高等问题也是制约其健康发展的重要因素。

（一）教育思想落后，教育体制僵化

成人高等教育是在我国的普通高等教育无法满足社会对人才极大的需求的情况下发展起来的，是普通高等教育的重要补充，具有历史的局限性。成人高等教育是依托于普通高校资源发展的，长期以来，其办学思维惯性、教育管理体制都参照普通高等教育的运行模式，这使其难以摆脱普通高等教育的制约，导致成人高等教育与普通高等教育在本质上的趋同性。

这种传统的教育体制在计划经济体制下和普通高等教育资源紧缺的情况下有其生长的社会土壤，但大数据信息时代的到来，为教育的改革和发展提供了新的生机和活力，人才培养模式呈多元化方向发展，各种新型教育模式不断涌现，人们在教育方面的选择机会不断增多，成人高等教育的优势不断减少。

因此，成人高等教育要尽快抛弃办学实践上的传统思维

惯性，建立信息时代的成人高等教育发展理念，创立适应信息社会的成人高等教育教学和管理体制，创新成人高等教育教学模式。

（二）人才培养模式保守，办学模式呆板

成人高等教育的人才培养模式主要是参照普通高等教育的人才培养模式建立的，其教学计划、教学大纲、教材、管理方法、考试制度以及招生录取制度都没有脱离普通高等教育的传统模式。教学模式仍以课堂面授为主、业余自学为辅。办学模式以政府为主导、以普通高校为主体，下设函授站和教学点实施教学和管理。

这种人才培养模式在计划经济时期体现了极大的优越性，但是，这样的定位逐渐形成的人才培养模式不仅深刻地烙下了普通高等教育的印记，也与当今信息社会的经济发展和高等教育发展表现出明显的不适应。这种封闭的教育模式不能满足市场经济的需求，呆板僵化的办学模式与如今多元化的灵活教育模式表现出明显的冲突。

因此，成人高等教育只有主动适应现代信息社会的发展需要，立足改革背景，建立与大数据信息时代相适应的人才培养模式和办学模式，才能走出与普通高等教育"同质性"的怪圈，才能办出自己的特色。

（三）背离教育理念，功利性较强

成人高等教育的发展经历了历史上的辉煌，这是由国家对经济建设人才的需要所决定的，另外在很大程度上，成人高等教育的发展动力还来自社会功利性的需求。这主要表现在以下几个方面：一是由于普通高等教育资源短缺，相当数量的人员

为了就业、升职的需要不得不接受成人高等教育以获取学历文凭；二是受市场经济的影响，成人高等教育一时间成为成人教育办学机构创收的重要手段，一些机构不顾其条件是否具备，争相扩大招生规模，以实现利益的最大化；三是教育主管部门为了工作成绩，缺乏科学发展观念，盲目扩大招生，导致产生成人高等教育发展的泡沫，高等教育的社会功利性被彰显。

随着市场经济的深入发展，成人高等教育的社会功利性功能不断减弱，成人高等教育现有的人才培养机制无法适应社会对高素质人才培养的需要，特别是在普通高等教育大众化的时代，在普通高校本科生、研究生都在为前途担忧的今天，功利主义观念下成人高等教育培养的学生自然难有立足之地。

（四）教育管理不力，培养质量较低

我国成人高等教育的运行体制主要是以政府教育部门主导的成人高等教育学校为主体的成人教育体系。教育部门主要负责方针政策制定、招生计划拟定、考试录取、监督评估等宏观管理方面的工作，学生的教育培养任务全部由成人高等教育学校承担。事实上，学生都是在职业余学习且分布在不同地区的，这样由学校直接管理很不方便。因此，为了日常管理和平时教学的便利，各成人高等教育学校一般在学生相对集中的地区设置函授站或教学点，高校主要负责宏观指导，制订教学大纲，负责招生、学籍注册、办理毕业证书等工作，有的高校负责少部分教学任务或定期集中面授，而至关重要的教学任务和学生管理等工作却不得不以协议的形式委托给函授站或教学点。因此，成人高等教育的办学主体实质上就成了承包式的形形色色的函授站或教学点。至于这些函授站或教学点是否具备办学资质和条件，则完全由各高校自行判定。

可见，成人高等教育的管理体制是一种自上而下的松散型、委托式的办学模式，真正对成人高等教育人才培养质量起决定作用的是这些函授站或教学点。这些函授站或教学点基本上是一些地方或企业的技校、职业学校，或者是私立学校。这些学校的师资水平、教学条件及管理水平等各方面根本无法同各高校相比。而且，这些函授站或教学点的建立大都是以经济创收为目的的，其教学质量根本得不到保证。学生的自身素质、业务水平没有得到提高，成人高等教育学校的声誉必然会受到影响，成人高等教育学历自然难以得到社会的认可。

上级主管部门和各高校早已意识到这些问题的严重性，也采取了一些应对措施，整顿不规范的办学行为，但收效不佳。究其原因，主要还是教学单位的人才培养宗旨意识淡化，对教学管理松懈，有重创收、轻教育的思想意识。同时，成人高等教育学校的很多学生以混文凭为主，不以提高自身专业技术水平和文化素质为目的。教与学的双方功利主义思想不谋而合，这样导致了成人高等教育改革屡屡不成功，导致了社会对成人高等教育的信任度进一步下降。

三、大数据时代成人高等教育转型发展的思路

随着大数据时代的到来，以云计算、互联网为基础的现代信息技术为教育领域的改革提供了强劲的推动力，发展"大数据教育"已经是中国未来教育发展的必然趋势。长期以来，成人高等教育发展过程中存在着教育理念落后、生源减少、"工学"矛盾、学习动力不足、教学资源短缺、教学模式呆板等问题，大数据技术的发展为这些问题的解决创造了条件。按照大数据思维，运用云计算、互联网等现代信息技术促进成人高等教育的数字化、多媒体化、网络化和智能化发展，可为成人高

等教育的学生提供更加个性化、智能化的教育服务，实现大数据背景下的成人高等教育转型发展。

（一）更新教育理念，建立大数据思维

大数据是互联网、云计算等现代信息技术高速发展的产物。所谓大数据思维，并没有统一、标准的定义。《大数据时代》的作者舍恩伯格和库克耶首先提出大数据思维的概念。他们认为，大数据思维是指一种意识，公开的数据一旦处理得当就能为千百万人亟须解决的问题提供答案。国内有人将大数据思维定义为用大数据思想去思考解决问题的一种方法。不论哪种诠释，其共同含义是，数据可以反映问题，数据可以解决问题。

在大数据时代，大数据思维已作用于社会生活的各个领域，影响着人类社会的发展进程。成人高等教育也不可避免地受到大数据浪潮的冲击，大数据背景下成人高等教育想要转型发展就要融入大数据思维，转变教育观念，将大数据思维与现代教育思想进行深度融合，凭借大数据技术，进一步挖掘成人高等教育的潜在价值，实现在成人高等教育改革与转型方面的探索。

（二）建立成人高等教育大数据资源库，实现资源共享

大数据的本质还是数据，利用大数据解决问题，其本质是从拥有的若干数据中找出某种有价值的信息。如果利用大数据进行成人高等教育改革，大数据资源库是解决问题的基础和关键。因此，我们的首要任务是要建立成人高等教育大数据资源库。成人高等教育大数据实际上已经部分存在于成人高等教育体系中，如学生学籍库、教务系统库、招生录取库、多媒体课件库、校园精品课程库等数字化资源都是构成大数据的一部分。

这些大数据的构成部分处于零散、孤立的状态，只有通过大数据视角对它们进行综合处理与分析，才能发现其潜在的价值。

建立成人高等教育大数据资源库应从以下三个方面入手：一是整合学校现有的各种教学资源，使之系统化、数字化，对于不完善的信息进行补充或更新，以此作为大数据库的基础；二是创建新的资源库，对现有的信息资源进行全面梳理，对于尚未包含的教学资源进行采集收录，如收集学生的成长背景、家庭情况、学习进展、课程选择、兴趣爱好等相关个性化信息，这是最容易被人忽视甚至遗忘的教育资源建设环节；三是建立成人高等教育学校大数据联盟，建立一个校际教育资源共享平台，通过"共建、共享模式"建设教学资源库。这不仅能有效满足每个成人高等教育学校对教学资源的需求，而且能有效保证资源建设的质量，节约投入成本，有利于促进各高校教学质量的共同提升。

（三）创新大数据教学模式，提升人才培养质量

成人高等教育学校的日常教学工作主要在函授站或教学点进行，授课形式是传统的"教师＋黑板"的模式，这种教学模式存在师资水平差、学员出勤率低、教学管理不力等很多问题，严重影响着成人高等教育的人才培养质量。当前，基于互联网的云计算和大数据信息化技术的发展，使教育在技术上呈现出数字化、网络化、智能化及多媒体化的发展趋势，使得教育模式具有了开放性、共享性、交互性与协作性的基本特征。与传统的教育模式相比，大数据信息化技术教育使教育打破了时空限制，具有信息传递速度快、受众面宽、交流方便等特点，且具有多向性、质量高、成本低、方便管理的优势。

因而，在大数据背景下，成人高等教育学校应创新大数

信息化教学平台，加强应用，形成大数据信息化教学机制，将互联网信息化技术全面运用于成人高等教育的教学环节，用大数据技术提高各个环节的效率，提升教学质量。首先，要改变传统的教学模式，利用成人高等教育大数据资源平台实施信息化教学。成人高等教育学校通过网络对学生进行在线教学，由成人高等教育主体对学生直接授课和指导，函授站或教学点只负责少部分的教学与日常的服务管理工作，如此可以减少函授站等中间环节，避免教学质量管理的失控，也可以降低成本。其次，在具体教学过程中，要借鉴翻转课堂和微课等大数据时代的信息化教学创新成果，针对成人高等教育的特点，不断创新成人教育教学方法和教学内容，研究出适合成人高等教育的翻转课堂和微课等新型教学模式，实现成人高等教育的个性化发展，促进成人高等教育的改革转型和人才培养质量的提高。

（四）构建大数据成人高等教育教学评价体系，实现多元化评价

目前，成人高等教育的教学效果评价方式包括面授出勤、平时作业、卷面考试、毕业论文等结论性评价。评价信息很少而且忽略了一些应该评价的方面，在评价过程中教师过于依赖经验判断或主观评价，具有经验性、粗放性、封闭性的缺点。这种评价的方式无法保证评价结果的效度和信度，不利于提高成人高等教育的教学水平。

基于大数据的教育评价体系突破了传统教育评价体系中对学生考试成绩的依赖，而用数据说话、用数据管理、用数据决策，将碎片化的评价整合为系统化的评价，支持多主体、多元化评价，丰富了教育评价的功能。利用大数据体系可以改变成人高等教育教学评价不足的问题。首先，可以利用大数据对

学生学习过程进行评价。利用大数据技术可以监测学生的学习过程，掌握学生的学习行为，了解学生课堂内外的学习状况。教师通过对数据流的变动分析，观察教学效果，了解学生的学习兴趣。其次，可以利用大数据对学生进行多元化评价，提高评价的有效性。例如，学生成绩可能源于学生的个体特性，包括其应试能力、思维能力、理解能力、学习兴趣等，传统的评价方法难以分析具体的情况，而利用大数据技术可以对学生进行多元化评价，能够分析其学习成绩优劣的根本原因。

因此，建立一个基于大数据的精细化、智能化、可视化的教育评价体系，利用翔实的数据对教学进行科学评价与指导，可有效地避免一些仅凭经验的片面决断的出现，变终端管理为过程管理，变单一化评价为多元化评价，从而使教育决策和改革更有证据与说服力。

总之，大数据时代的现代信息技术在成人高等教育中发挥的作用越来越大，它为成人高等教育提供了信息化的学习环境和能满足不同需求的个性化的学习资源与服务。大数据时代的学习形式与现代人获取信息的方式相吻合，在培养和扩展人们学习兴趣的同时，通过鼓励和引导的方式，在成人学习群体中形成积极向上的学习氛围，增强和完善成人高等教育的组织性与系统性，达到成人高等教育学习效果最优化，进而促进成人高等教育向个性化、智能化方向发展。"大数据+教育"通过教育与信息化的有效结合，可充分利用现有教育资源和科技手段，让更多的人实现数据共享并从中受益，从而实现大数据时代成人高等教育的改革与转型发展。

第三章 大数据时代高等教育的创新发展

高等教育大数据可以指导教育行业的发展，整合教育行业的数据资源，提炼信息价值，比传统数据具有种类多、数据量大、潜在价值高等诸多特点。因此，全面地掌握大数据资源，可以有效地帮助学校在教育管理方面更精准化、科学化。本章主要内容包括大数据时代高等教育新形式——翻转课堂、大数据时代个性化教育理念及创新前景两个方面。

第一节 大数据时代高等教育新形式 ——翻转课堂

在大数据时代，信息技术飞速发展，网络的普及极大地丰富了人们获取知识的方法，也促进了教学及学习方式的不断变革。在这一时代背景下，作为创新型教学模式的翻转课堂应运而生，成为国内外教育改革的新热点，为教与学的进一步发展提供了新思路，引领着国内外教育教学模式的变革。

一、翻转课堂的含义与由来

作为一种新型的教学模式，翻转课堂，又作颠倒课堂，指在信息化环境下，授课教师在课前向学生提供以教学视频为主的学习资源，学生在课前观看和学习教学视频，完成知识的内化，然后在课堂上师生一起完成作业答疑、协作探究和互动交流等一系列活动。

在翻转课堂的教学模式下，学生课前可以随时随地播放视频和课件，学习知识，而课堂就成了师生之间和学生之间互动交流的场所，包括作业的答疑解惑、知识的协作运用等。教师的授课方式得到明显改善，有效解决了传统课堂授课"死板""程序化"的现实问题。因此，从某种意义上说，翻转课堂是对传统教学模式的一种颠覆。

20 世纪 90 年代，美国哈佛大学物理学教授埃里克·马祖尔提出互助教学法，要求学生在课下提前自学课堂内容，而课堂则用来进行师生和生生交流互动，用以解决问题。其教学理念与翻转课堂有异曲同工之处，成为翻转课堂的初探。此外，莫林拉赫、韦斯利·贝克、杰里米·斯特雷尔等人也曾研究并探索过翻转课堂。在过去的几年中，"翻转课堂"教育理念被越来越多的人所熟知、接受并逐渐发展成当代教育教学改革的一种新趋势。

二、翻转课堂的特征与优势

《2014 地平线报告（高等教育版）》中提到，未来 1～2 年内对高等教育产生影响的技术是翻转课堂。随着互联网和计算机技术在教育领域的应用和普及，实施翻转课堂式教学模式变得可行。早在很多年以前，就有人利用视频实施教学，并对此进行过探索，如 20 世纪 50 年代，世界上一些国家进行的广播电视教育就是很好的例证。为何当时的探索没有给传统教学模式带来深刻的影响，而翻转课堂却备受关注呢？这是因为翻转课堂有如下几个鲜明的特点。

第一，翻转课堂"先学后教"的教学模式有助于培养学生的自主学习能力。在翻转课堂教学模式下，教师将教材内容的重难点浓缩成 15 分钟左右的微视频，学生在课外或回家观看教师的视频讲解，在此过程中，学生可以根据自身掌握程度来安排和控制自己的学习进度。学生自己控制观看视频的节奏快慢，并可依据自己对知识的消化吸收情况来快进、跳过、回放、暂停或重播视频讲解，遇到重难点内容，也可中途暂停仔细思考或做笔记，遇到自己无法解决的难题，学生甚至可以通过聊天软件向教师和同学寻求帮助。这种学习模式一方面消除了学生的紧张情绪，可以在轻松的氛围中学习，另一方面也改变了传统教学模式单方面传递知识的弊端。学生角色则更加突出学习的主体性和必要的主动性，需要学生主动操作和思考，如果学生没有一定的主动性，翻转课堂中的学习环节就无法进行。

第二，翻转课堂明确了教师的角色与定位，增加了学习中的互动。在翻转课堂教学模式下，教师的角色转变成导师，完成了从"演员"到"导演"的转型。此外，翻转课堂还使教师集"编、导、演"于一体，给教师的职业发展带来新的机遇和挑战。为了满足翻转课堂教学的要求，教师必须具备更高、更强的专业素养，如教学设计能力、课堂组织能力、视频录制能力和信息技术能力等，这些都对教师提出新的要求并对其专业发展和职业素养产生积极影响。教师不只是知识的权威传授者和课堂管理者，还需要帮助学生理解问题并指导学生运用知识。教师转变成了协助学生自主学习、解惑释疑的指导者和促进者。

翻转课堂最大的优点就是极大地增强了课堂互动性，这具体表现在其加强了教师和学生以及学生和学生之间的互动。教师从内容的呈现者转变为学习的教练，便有更多时间与学生交谈，回答学生的问题，从而对每个学生的学习进行个别指导。教师与学生的角色发生了极大的变化，教师不再单纯是学生的"领导者"，学生也不仅仅是教师的"接受者"。在全新的授课模式下，教师与学生建立了长效的合作伙伴关系，教师及时解决学生的学习困难，对学生提出宝贵的学习建议，帮助学生独立探寻更加有效的学习方法。

第三，翻转课堂加强了学校、教师与家长的交流。以往，家长最关心的问题是孩子的在校表现，如是否安静上课，是否积极回答问题，是否影响其他同学等等，而这些被公认为是所谓"学习好"的学生的特征。在翻转课堂模式下，这些都不再是最重要的问题。相反，家长在意的是孩子是否学到了东西，是否能积极主动地学习，教师能为学生的主动学习提供什么帮助等。这些问题会改变学校、教师和家长之间传统的交流方式，把他们通过新的交流方式紧密地联系在一起，从而使学校、教师和家长的角色都发生变化。学校负责营造良好的学习环境和氛围，教师负责指导和促进学生自主学习，而家长则需要督促学生的在线学习，并有效管理学生合理地利用网络资源。

总之，作为一种新的教与学的模式，翻转课堂从根本上改变了教师组织课堂教学的方式，打破了教学领域长期以来存在的积习，对教师和学生而言都是一种挑战。

三、翻转课堂的反思与展望

在现代信息化时代下，作为一种创新型教学模式，翻转课堂顺应我国教育信息化改革的潮流，符合教育部印发的《教育信息化十年发展规划（2011—2020 年）》宗旨，即教育信息化的发展要以创新教育理念为先导，以建设优质教育资源的信息化学习环境为基础，以创新学习方式和教育模式为核心。国内一些学校也在教学过程中践行翻转课堂的理念，如重庆市的"三翻、四环、五步、六优"翻转课堂流程，山西省的"半天授课制"，山东省的"271 教学模式"，上海市的后"茶馆式"

教学探索等。我们通过借鉴已有的翻转课堂研究成果，可以指导未来教学研究，促进翻转课堂的理论发展与实践应用。

翻转课堂研究虽然已经取得了一些成就，但也存在一些不足之处，主要表现有如下几个方面。

一是翻转课堂尚处于探索阶段，其研究成果多为经验总结，没有达到较高水平的系统化阶段，因此其理论化和系统化水平还需进一步提升。二是翻转课堂现有的研究成果主要反映在高等教育阶段，因此还需进一步加强其在基础教育阶段的研究。三是翻转课堂研究方法单一，主要是思辨研究方法，缺乏实证研究。

为促进翻转课堂这一教学模式的进一步发展，未来的研究与实践应注意以下几方面。首先，进一步探讨深化翻转课堂教学模式研究、教学设计研究和应用研究。其次，采用多元化研究方法，尤其要加强实证研究，如观察访谈、问卷调查、案例分析等。最后，加强对基础教育阶段翻转课堂教学实践的应用研究。

翻转课堂是一种新型的、充满活力的教学组织模式，有助于构建和谐的师生关系，提升学生的自主学习能力，形成良好的学习氛围，实现因材施教的目标和帮助学习者对知识进行内化和吸收。在实际应用过程中，翻转课堂在一些课程建设中已经取得了不俗的成绩，但是其在观念、体制与习惯方面仍存在重重的阻碍。因此，为适应大数据时代的要求，教师要转变传统授课观念，以学生自主学习为主，将学生的在线学习与师生课堂互动教学有效结合。相信在不久的将来，翻转课堂会成为广泛采用的教学模式。

第二节　大数据时代个性化教育理念及创新前景

大数据革命是一场正在发生的信息革命，它同时也是一场认知革命和社会革命，并即将为我们带来政治、生产、生活、认知等全方位的大变革。国务院颁布的《国家教育事业发展"十三五"规划》提出，"全力推进信息技术与教育教学深度融合""引导学校与教师依托网络学习空间记录学生学习过程，进行教学综合分析，创新教学管理模式。鼓励学校利用大数据技术开展对教育教学活动和学生行为数据的收集、分析和反馈，为推动个性化学习和针对性教学提供支持"。运用大数据实施个性化教育教学，是大数据时代教育发展的必然方向和选择，对于及时、准确把握学生特征和规律，动态提升教育教学质量，实施有针对性的教育引导方式和策略，培育大批具有创造力的高素质人才队伍都具有重要的意义。

一、大数据时代个性化教育理念及其重要意义

（一）个性化教育：大数据时代的一个教育新理念

近年来，随着大规模在线课程、微课等兴起及翻转课堂、混合式学习等新型网络教育方式的应用，教育生态和学习环境都发生着深刻变化，个性化教育成为各国政府和教育界关注的共性话题和研究热点。教育部颁发的《教育信息化"十三五"规划》提出"构建网络化、数字化、个性化、终身化的教育体系""培养教师利用信息技术开展学情分析与个性化教学的能力，增强教师在信息化环境下创新教育教学的能力"。

早在 2012 年，美国教育部发布的《通过教育数据挖掘和学习分析促进教与学》报告就指出，通过大数据建模，发现学

习者学习结果与学习内容、学习资源和教学行为等变量的关系，实现学习者行为的大数据可视化，以提升教育质量和预测学习者未来的学习趋势。由此看出，运用大数据开展个性化教育，已成为国内外政府和高校在网络信息化时代提升教育质量、推进教育教学方式方法变革的新潮流，也成为我国教育教学在大数据时代进行课程优化改革和提升教育质量的新方向。

2013 年被称为"大数据元年"。大数据正在改变着人们观察和把握自然界、社会与人的心理世界的思维方式和实践方式，成为人们获得新知识和创造新价值的源泉。根据国际数据公司对大数据特征的界定，大数据的特征可分为四个方面——海量的数据规模、快速的数据流转、动态的数据体系、多样的数据类型和巨大的数据价值。在教育方面，其表现形态可分为学生网络学习课程、课堂教学在线测评、网络在线测试等结构性数据信息，以及网络文本、视频、行为记录、图片以及日常管理、网络活动等非结构化的、无法用传统的方法进行处理的海量数据。运用大数据技术挖掘和分析这些不同形态的大数据集合，成为科学认识和把握学生在网络空间思想行为规律的数据资源和实施个性化教育的可靠依据。

个性化教育是依据学生成长规律因材施教，满足创新型人才发展的社会需求，运用大数据对学生网络思想行为进行挖掘和分析，以可视化的方式呈现学生个体或群体思想行为的特征、问题、规律和趋势，实施有针对性、个性化教育策略，以激发个体的内在潜能和促进全面发展的教育。个性化教育作为大数据时代一个教育新理念，通过大数据、云计算技术等数据密集型知识发现方法，科学分析和把握学生思想行为新特征、新规律和新趋向，积极开展个性化学习和精准化管理服务，实施以学习者为中心的个性化教育，让大数据真正成为支持教学变革、提升教学效能、促进学生发展的新工具，从而推进教育教学发展，这具有重要的理论和现实意义。

（二）运用大数据开展个性化教育的重要实践意义

首先，就教育学科发展而言，运用大数据推进不同学科教育教学的量化研究和实证性研究，为教育政策制定和课堂教学优化提供科学支撑。

运用大数据服务和优化教育教学，是教师准确了解和把握学生思想状况、学习问题和发展变化的客观要求。在当前大数据时代，一方面，基于大规模在线学习，学生日常交往和活动已经部分实现网络化，大数据能够基于网络学习的众多数据进行学习成效和学习过程分析，系统刻画学生个体或群体的知识理论把握程度、理想信念坚定程度、在线学习效果和反馈程度、校园舆情热点等，从而推进教育教学向可量化、可视化、实证性的方向转型。另一方面，基于各学科教育教学内容、课程载体、学习环境等要素的数字化和网络化环境，我们需要应用新的研究方法和技术对学生学习、日常管理等大数据进行挖掘和分析。这对于实现高校学生个体或特定群体的实质性研究和量化研究的结合，实现学习过程可视化和学习成效可量化，进行教学质量的实证性研究，进而制定差异化、个性化的教育路径，提高教育决策科学化和学生学习发展的可预测性，提升教育教学科学化水平具有重要意义。

其次，就教育对象而言，运用大数据科学分析学生网络思想行为和规律，对于创新教育个性化实践路径具有重要的现实意义。把握教育者思想特点和规律，进行因材施教和有针对性的引导，是教育学的基本规律之一。根据对学生网络行为的大数据挖掘分析结果，分析学生个体或群体的价值倾向、理论困惑和多维度需求，精准描述学生的课程难点、思想困惑、个性需求、学习过程、精神需求、心理问题等立体"学生画像"，准确把握和描述学生网络思想行为特征和规律，对于提升教育教学质量具有重要意义。

最后，就教学内容而言，运用大数据开发面向不同层次学生需求的数字化学习资源系统，激发学生的学习兴趣，促进学生的全面发展，对于契合大数据时代的学生多样化需求和实施因材施教的教育策略都具有重要的意义。当代学生具有差异化、特质性、自我体验和自我成长设计的思想行为特点，根据这些特点运用大数据对学生需求进行精准定位和分类，实现教育内容的数字化和以学生需求为核心的学习资源开发的个性化，对于激发学生学习积极性，使其体验自我超越，启发和唤醒其内在的心智潜能，促进其全面发展都具有重要的现实意义。

二、大数据时代个性化教育实践路径创新

在当前的大数据时代，全球化背景下多元文化交流、社会思潮涌现并存的网络环境中，如何开展个性化教育，是一个崭新的理论和实践课题。结合多年实践经验和理论思考，笔者着重从数据平台建设、团队建设、学习资源开发和个性化教育网络环境构建等层面阐述个性化教育的具体实践路径。

第一，建立校园一体化的教育大数据平台，实现对学生数据的挖掘和分析。基于大数据分析的可视化"学生画像"实现高校学生分类分层和实施定制式、个性化的教育教学策略。建立高校学生学习、互动和日常管理服务的一体化教育大数据平台。通过对海量数据的采集、挖掘、加工、汇总、整合、存储和分享，为多学科教育教学和政策制定提供坚实的客观数据支撑。在学生学习方面，通过在线教育学习过程、课堂师生网络

互动、网络问卷等关键性数据采集方式，以及教务处、后勤部、图书馆等日常管理服务机构的大数据整合，构建一体化的大数据库，能够实现对学生个体学习过程、学习难点、质量评价、学习路径和需求性网络学习资源等全面勾画和呈现，同时能够基于前一阶段学习成绩、学习行为数据轨迹等大数据分析，精准预测和研判学生下一个阶段的学习成绩和挂科预警，实现对学生个体或群体学习过程的数据化分析。

第二，组建教育大数据团队，实现"学生画像"。学校以教学应用部门为核心组建大数据技术队伍、课程教师应用队伍及教务处等相关部门服务队伍，基于对学生学习、日常管理等大数据的挖掘分析，构建反映学生学习不同维度的数据模型，刻画学生成长、成才的专业知识把握、能力需求、理想信念、思想困惑、就业需求、心理问题等多维度"学生画像"。同时，根据高校学生个体或群体的差异性、需求多样性，开发以满足学生专业和思想需求为核心的网络学习资源系统，实施信息推送服务和学习资源定向推荐，通过师生网络互动交流、专业分析或调研报告互评、网络主题论坛或交流会、社会实践等方式，开拓个性化的教育新路径。

第三，开发以学生需求为中心的个性化学习资源系统，大力实施翻转课堂、混合式学习等教育教学新方法，创新面向个性化学习成效的多元评价系统。实现从"以教师为中心"到"以学生为中心"的转变，是大数据时代个性化教育的重要特征。一是创建多类型的网络学习资源系统。基于学生学习教育大数据分析，明晰学生个体或群体的不同需求，确定学生学习的难点、理论困惑和兴趣方向，组织和整合文本类、视频类、音频类、图片类等学习资源，根据学生的学习轨迹和偏好，开发个性化网络学习系统。二是大力倡导教师实施翻转课堂、混合式教学等网络教学新模式。根据大数据分析"学生画像",教师在课前通过网络学习社区或在线教育进行个性化教学内容和信息推送。针对课堂学习大纲和知识难点,学生自行组织网络学习和开展在线思想交流互动。在课堂教学过程中,教师侧重开展讨论、实践过程展示、主题演讲等多种教育和学习活动,重视参与式、体验式的个性化教育,使每位学生在团体中获得价值的认同感和精神成长的成就感。三是建立多维度的科学评价体系。大胆改革传统的以考试成绩为主的测评体系,建立适应大数据时代的多重维度的评价体系,评价维度方面包括专业知识、实践能力、政治观、人生观、价值观、心理素质等方面以及结合网络实践展现的多样性实践成果,设置不同因素的权重系数和创建评价分析的数据模型,使教育质量评价模式从传统"单向度"评价模式向"多向度"模式转变,更适合对"人的全面发展"理论的实践和运用。

第四,积极构建校园泛在网络学习环境,鼓励学生自行组织学习和互动在线学习研讨。泛在学习作为网络信息环境下每时每刻都需要的沟通形式,无处不在的学习方式,具有持续性、交互性、可获取性、主动推送性和服务性以及教学行为场景化的网络在线教育优势。建立泛在网络学习环境,通过网络,尤其是移动网络、新媒体、手机应用程序等构建即时性、交互性的学习交流和分享的数字化学习资源环境。尤其是国内外高校中的"慕课"学习资源,这是一种个性化学习资源和翻转式教学等多方面资源构成的支持服务系统。高校学生可在课前根据授课提纲进行自主网络学习,或在线咨询探讨,或在课堂上师生共同利用网络资源进行场景式的探讨和分析;课后针对课堂学习任务，可自己利用网络组建以问题为导向的学习小组，进行问题解疑和思想分享，从而拓展了学生以课堂学习为主的学习资源和学习方式，从而激发学生学习兴趣和热情，并提高教学质量。

第四章　大数据时代高等教育创新的具体实践

物联网和云计算技术的发展，为数据收集和信息传播以及共享提供便利条件，对于大数据技术的发展起到了积极的促进作用，高等教育领域也迎来了大数据的曙光。大数据技术的应用为优质高等教育资源的全球共享提供了一个契机，从技术层面上解决了资源共享的问题，对于教育公平以及个性化学习的实现起到了决定性的作用。本章从两所学校在大数据方面的实践视角，展示了大数据对于高等教育的影响力和对高等教育发展的促进作用。

第一节　大数据时代民办高校转型发展的实践——以黄河科技学院为例

伴随着新一轮的全球科技革命和产业革命，以云计算、大数据、物联网、人工智能等为代表的新经济模式正在迅速发展，以大数据为核心的第四次工业革命正引领人类社会由工业经济时代进入数字经济时代。高等教育的发展与技术的进步是密不可分的，每一次技术的革新都会给高等教育带来创新性的发展，但最能对高等教育的发展产生革命性影响的数据却常常在变革中被忽视。当前，中国高校虽然已经认识到教育大数据将会产生的价值，但是目前还未能够对数据进行有效的应用，大数据的价值尚未引起相关部门的足够关注。

一、大数据时代背景下民办高校面临的挑战

在大数据时代背景下，高校传统的教育理念、教学方式、治理方式、人才需求发生了变化，民办高校面临着新技术、新理念的冲击，这主要体现在以下方面。

（一）教育教学理念方面的挑战

技术变革将引发教育理念的变革。信息技术的发展推动教育的变革和创新，构建网络化、数字化、个性化、终身化的教育体系，建设"人人皆学、处处能学、时时可学"的学习型社会，培养大批创新型人才，是人类面临的共同重大课题。在大数据浪潮下，形形色色的教育应用，特别是市场的强势介入和个人学习热情的驱动，学生的志向与兴趣、潜力和创造力被充分激发，个性化发展的机会增多，发展空间无限扩大，"传授知识"的教育已不能适应大数据时代的要求。从知识本位走向综合素质本位，特别是"以学生为中心"，成为高校必然的选择。

（二）学科建设方向的挑战

数据的爆炸式增长，数据特征的不断演化加剧了社会对数据科学领域人才的迫切需求，这也对高校反馈社会需求、完成人才输送提出了更高的要求。如何满足各行业对数据人才的需求，成了高校面临的一大挑战，但也为"数据科学"这一新兴学科的发展提供了契机。

总的来说，中国数据科学学科建设、人才培养刚刚起步，尚未形成为社会持续培养和输送不同层次人才的完整教育体系。这一学科的师资队伍建设、教材建设、课程建设及相关实验室建设相对滞后，尚不能满足社会对大数据人才的迫切需求。

（三）高校治理模式的挑战

大数据将引发高校治理革命，尤其是构建政府、高校、社会三者间的耦合关系和与之相对应的"管、办、评"机制，将引发高校的治理结构革命。在高校管理方面，大数据使高校治理层级更加扁平，组织与协调更加快速灵活，高校将从"凭借经验的粗放管理"向"依靠数据分析的集约治理"转变，从而促进教育管理方式的再造和优化，加速提升高校教育信息化水平，从而让师生体验到更为便捷的服务，实现高校向智慧管理的转型。

（四）教学管理模式的挑战

技术革命将引发高校的教学范式革命。数字技术使学生摆脱了传统的课本学习和统一课堂灌输的被动学习模式，视频、图像等各种师生交流、学习互动工具随需而动。学生可以随时随地以多种方式获得曾经只能由教师在课堂上讲授的限定知识，教与学关系的边界日趋模糊，自主学习、个性化学习、体验式学习成为主流。利用教育大数据来分析学生的学习情况，其目的是通过大数据挖掘和采集到的教育数据完整地描述学生的动态学习路径，并通过数据发现学生的学习困境，聚类同质学生，监控其学习进展，探测其异常的学习行为，分析学习社区中的社会关系，评判学生的学习成果，预测学生的未来表现等，从而提高学生的学习成绩。

二、大数据背景下黄河科技学院的转型实践

中国民办高校应充分发挥其体制灵活的优势，在新形势下主动适应、快速调整、及时转型。以黄河科技学院为代表的民办高校通过以教育大数据为核心的智慧校园和翻转校园建设为

抓手，实现教育理念转型、人才培养模式转型、学生管理模式转型、高校治理模式转型，在大数据时代赢得发展先机。

（一）树立现代人才培养观，推动高等教育理念转型

黄河科技学院树立了以学习者为中心、以需求为导向、以质量为目的、以数据为手段的现代人才培养理念，建立了促进学生学习与发展的教育教学制度。该学院"以学生为中心"，建立了涵盖学生全成长周期的数字档案。学生档案是集学生学业、素质、生活、社交、心理档案于一体的汇总记录。学校管理者可以通过学生档案，建立目标管理体系，为实现"教育个性化"打下坚实的基础。校方通过学生档案，可了解到学生学业、生活、心理等层面的发展情况，据此建立"以学生为中心"的目标管理体系。教师通过学生档案，了解每一位学生的身心发展状况，从而实现因材施教，制订出更好的教学计划。对于学生而言，学生档案可以使其知道自己在学校中所处的位置，以便更好地朝着目标方向发展。通过设立学生全成长周期的专属个人档案，可以让每位学生拥有独立的专属档案，私人订制，让学生的生活、学习、社交更加个性化。学生档案在各细节中逐渐深入，记录学生的详细日程，可以清晰地看到每位学生的发展动向。利用大数据分析学生的发展动向，可以让教育更加具有针对性。

（二）培养数据专业人才，推动学科建设方向转型

随着大数据时代与人工智能时代的到来，2016 年，黄河科技学院新开设了数据科学与大数据技术、智能科学与技术两个本科专业。其中数据科学与大数据技术专业当时全国仅有 35 所高校开设，在河南省高校中属于首开专业。大数据与智

能技术学院拥有一支以中青年教师为主体、学术活力充沛的教学科研团队，包括教授 3 人，副教授 9 人，讲师 18 人，其中拥有博士学位的 10 人，拥有硕士学位的 20 人，学科带头人为国家杰出青年基金获得者。学院的人工智能研究所，专注于大数据和人工智能的理论、方法和技术发展前沿研究，聚集了一批自动化、计算机、大数据等领域的优秀研究人员。他们承担专业课程的教学任务，并能为学生提供研究指导和专业技术实践环境。

（三）加快智慧校园建设，推动高校治理模式转型

建设智慧校园旨在推动下一代数字技术在智慧校园建设中的创新应用，改造和优化现行校园网络环境，构建高速泛在、智能灵活、开放共享、安全可靠的校园信息环境。2015 年以来，黄河科技学院启动了智慧校园建设，并将智慧校园建设列入该学院规划的重点项目，构建智慧校园建设专职系统集成、软件研发和推广团队，保障智慧校园试点项目顺利实施。黄河科技学院智慧校园以云计算、大数据分析等为核心，突出校园信息的智能化采集与传输，智能化处理与控制，智能化显示与推送。这使得全校各部门、各业务子系统信息融合、互联互通，从而达到校园智能管理、科学决策、及时管控、服务便捷的管理目标。该学院采用先进的无线网络架构，依托云计算中心、大数据平台和 WLAN 定位系统，通过三年的建设，建成和实现智慧平安校园系统、智慧校园移动综合服务系统、基于 WLAN 定位的智慧校园管理系统、智慧远程教学系统等应用系统。

其中，智慧校园移动综合服务系统包含校园综合服务大厅、智慧校园分析平台、校园决策平台，为高校科学治理提供帮助。一是构建校园综合服务大厅。利用微信企业号为校园用

户提供移动服务，快速、低成本地实现高质量的校园移动应用，实现教学、管理、协作的移动化，以满足师生的移动服务需求。二是构建智慧校园分析平台。通过高校教学、管理、科研、生活等各个业务应用系统之间数据的互联互通，实现校级的大数据仓库。通过对大数据仓库的分析挖掘和预警预测，使大数据对高校教学、管理、科研、生活等决策起到支持和辅助作用。三是构建校园决策平台。利用大数据技术对系统数据进行存储和分析处理，为高校在教学科研管理、学生培养方面的决策提供指引和数据支持，并在此基础上提供决策支持服务。

另外，智慧平安校园系统主要凭借无线通信技术、网络技术、云计算技术和智能图像识别技术，依托有线、无线校园网，通过视频图像采集、存储、处理来打造，提供全网智能的安全监控体系，保障校园学生安全、财物安全。智慧校园管理系统依托 WLAN 定位数据，采集完整的学习和生活数据，包括业务系统使用数据、互联网访问数据和行动数据，开发专用模型，建设可视化数据中心，对学生的行为进行精准分析和预测，还包括学生离校自动报警模块、学生夜不归宿自动报警模块、学生学习行为预警、基于大数据的学生行为轨迹画像，实现对学生综合行为管理的智能化。智慧远程教学系统则利用物联网技术、下一代网络技术、图像跟踪技术等，实现远程互动教学，教室安装传感器，自动感应学生人数，配置相应的学习环境，每个座位上配置问答器，实现师生交互式课堂教学模式。师生间的在线交流平台，可使教师对学生提出的问题进行实时解答。

（四）推广翻转校园应用程序，推动教学管理模式转型

自 2016 年以来，黄河科技学院与企业联合开发翻转校园

应用程序（APP），并在全校近 3 万名师生中全面推广使用，促进了学校进一步更新教育理念，优化教学模式。

从学生层面来看，学生可以通过手机实现课前学习、教师点评、参与课后讨论、获取校园指南、了解校园资讯、查看社团活动等，还能够在求职过程中实现精准就业，及时了解企业的用人需求，享受到校园招聘会的一站式服务。从教师层面来看，其上课点名环节变得更加高效，在课堂上教师可通过手机进行随堂测验，极大地提高了教学效率。从管理者层面来看，其能够随时了解教学质量、学生出勤、教师测评等信息。辅导员也能够及时了解学生最新的就业动态和各类校园通知的接收情况等，极大地提高了其工作效率。从学校层面来看，其通过对教务教学、学生管理、校园生活等各类数据进行收集、合并、分析，形成可使用的大数据资源，形成每周出勤统计报告、教师月度课时统计报告、评教统计报告、科研统计分析报告、全校课程统计报告、成绩数据分析报告、实践教学统计报告等，为高校各类决策提供数据基础。学校相关部门通过对课程历史挂科比例，学生往期成绩、出勤状况、课堂学习、作业情况等数据的分析，进行学业预警，督促学生提前准备，避免学业危机，帮助学生更好地完成学业。

2016 年 9 月至 12 月，全校有 2.4 万堂课使用翻转校园点名，签到达 92 万人次，共上传课程 5000 次以上，查看次数超 50 万次，建立题库总数超 10 万，平均每月使用学生人数达 20 万，涉及课程 1200 种以上。全校 3 万多名学生实现 30 万次课程预测，每月自动更新；学期初出勤率为 81%，学期末达到 96%，到课率提高 15%；学生课外学习时间平均每人增加 1 小时，全校挂科率下降了 2%。

在大数据全面渗入社会经济生活的今天，技术创新理念发展日新月异，教学数字化、教育信息化、教育大数据、在线课程、智慧校园等，都是数字化浪潮下的教育新生态，体现了新的数据技术和教育理念。这既体现了教育大数据的魅力，也展现出教育的可塑性，描绘出未来教育的美好蓝图。因此，民办高校必须面向未来，主动引领创新，不断更新教育理念；加强自主在线课程资源建设，扩大优质教育资源覆盖面，提升教师的数据素养，强化学生的数据分析能力，并贯穿于学校人才培养的全过程中，全面提升民办高校的教育治理能力，实现决策支持科学化、管理过程精细化、教学分析即时化、教育评价主体多元化、公共服务人性化，紧密结合国家战略需求，培养高层次大数据专业人才，在"互联网＋"、大数据、信息惠民、智慧城市、精准扶贫等国家重大战略中发挥作用，抢占教育信息化的国际制高点，增加国际话语权，服务国家安全战略。

第二节　大数据时代应用型人才培养——以安庆师范大学为例

　　大数据时代背景对人才提出了更高的要求，大数据时代背景下的人才需要拥有良好的数据分析能力。对于高校学生而言，其不论何种专业，都需要有良好的数据分析能力。各高校应该以市场需求为导向，把握市场对于人才需求变化的脉搏，对培养学生的各方面能力做出适时的改变。良好的数据分析能力可以使高校学生在就业选择时更有优势。数据分析能力的培养需要与数学、计算机等理论相配合，同时要结合专业学科知识。各高校在培养方案的设置上应与时俱进，及时更新教学内容，使学生更符合社会需求。不断提升学生的数据分析能力，才能促进其能力的全面发展。

大数据时代的到来不仅需要数据处理分析的相关技术，也需要大数据分析处理等相关人才，未来对于具备大数据管理和分析能力的人员需求将逐年增加。在大数据背景下，为了满足大数据技术相关人才的培养需要，高校应适应时代要求，紧跟国家教育方针的步伐，进行教学改革，调整培养方案，根据自身特点开设相关应用类课程，应结合专业背景和社会实际需求，为未来的大数据市场培养能熟练掌握大数据技能并擅长数据分析与挖掘的高精尖人才。

大数据行业的发展、成熟时间不长，国内外高校开展大数据技术人才培养的时间也不长，在技术市场上掌握大数据处理和应用开发技术的人才十分短缺。目前，大数据人才分为学术型和应用型两种。其中，应用型主要考查利用大数据方法解决具体行业应用问题的能力和处理实际数据的能力，就业岗位一般为数据分析师和大数据应用开发工程师。适应国家和市场发展需要，培养能从事大数据处理相关行业的人才，是高校当前面临的挑战。作为地方普通本科高校，立足于现状，在新工科教育背景下培养从事大数据处理的应用型人才，为地方经济发展服务，可有效填补相关人才需求空缺。本节以地方普通本科高校安庆师范大学为例，探讨地方高校大数据专业建设和人才培养等问题。

一、大数据时代应用型人才培养思路

新形势下的新工科建设，一方面要设置和发展一批新兴工科专业，另一方面要推动现有工科专业的改革创新，探索工程教育人才培养的新路径。大数据作为新兴学科，与新工科建设的发展理念是契合的，以新工科建设模式，可以有效开展大数据建设。

（一）人才培养目标

大数据处理流程主要包括数据收集、数据预处理、数据存储、数据处理与分析、数据可视化、数据应用等环节，其中数据质量贯穿于整个大数据流程中，每一个数据处理环节都会对大数据质量产生影响作用。目前，国内开设的大数据相关专业多依托计算机、数学、管理和金融等院系，不同院系对人才培养的立足点不同。考虑到市场需求、学生生源、师资力量和教学资源等因素，安庆师范大学计算机与信息学院大数据专业以"应用型人才"培养为主要目标，以学生就业为导向，培养两类人才：一类是数据处理工程师，面向大数据采集、预处理、数据分析和存储、数据可视化等数据处理某个环节的工程师；另一类是大数据情境下的应用软件工程师，能够从事分布式计算框架集群环境的部署和管理，大数据处理应用软件开发，面向数据客户的服务端软件开发、客户端可视化开发等数据处理工程师。面向"大数据+"的人才培养模式，不限定具体的行业背景或特定的大数据处理情境，让学生有更多的就业机会和发展前景。

（二）人才培养方案

安庆师范大学深入贯彻落实国家和安徽省中长期教育发展规划纲要、《教育部关于全面提高高等教育质量的若干意见》以及《安庆师范大学"十三五"事业发展规划》《安庆师范大学深化综合改革实施方案》等文件精神，进一步深化教育教学改革，加强高素质人才培养，是安徽省首批省级卓越工程师计划培养高校。安庆师范大学自 2012 年起开展卓越工程师（计算机科学与技术专业）人才培养，在相关教学改革和人才培养方面积累了大量经验。在新时期，该校积极对接省级本科专业评价指标体系，制定大数据专业人才培养方案。

（三）建设应用型人才培养的实践教学体系

为了紧跟企业对大数据人才需求的步伐，我们需要在理论教学的基础上，加大对学生实践环节的教学力度。在初级阶段，通过企业中的认知实训、专业基础课程配套实验，开拓学生视野，培养学生基础技能；在中级阶段，面向学生专业技能培养，通过软件开发课程实验、大数据类型课程实验和校内综合实训等来实现；在高级阶段，通过校外综合实训和毕业实习（毕业设计）等课程，培养学生解决具有一定复杂性的大数据工程问题的能力。

在整个培养周期之中，鼓励学生积极参加课外实践和学生竞赛，培养学生的综合素养和个人能力。需要特别指出的是，所有实践性教学环节都要确保目的明确、任务明确、方法明确，有配套的实习大纲、实习指导书、毕业设计指导书，建立严格的考勤、考核制度。

二、大数据时代应用型人才培养途径

（一）面向大数据处理的师资队伍建设

大数据的普及和合理应用，是经济快速发展的重要趋势，其已经作为核心评估模式在教育中占有重要位置。高校可有效利用大数据，通过师资资源库等来实现人才的合理流动，并通过教育培训和实践等来累积经验，加强教师个人能力的提升，对于提高学生大数据分析与应用能力有着重要意义。

专业建设首先要解决的是师资问题。要立足现有科研力量，开展师资队伍建设。目前，安庆师范大学已建成省级高校"智能感知与计算"重点实验室，人体数据感知与分析、环境数据感知与计算、智能生物进化计算等新专业中的数据挖掘、人工智能、数据统计分析、数据可视化等研究方向由重点实验室的教师负责。云计算、大数据处理和深度学习等课程，由专业技能相近的教师承担，并通过企业线锻炼、联合项目研发、师资培训等方式提升教师能力水平。

2019 年初，安庆师范大学和南京一家企业联合开展了校内"Python 智能数据处理"的师资培训；2019 年暑期，多名教师参加了校外"云计算与大数据处理"等培训。此外，安庆师范大学还选送教师参加了谷歌、百度和华为等企业组织的师资培训。安庆师范大学积极在安庆市开展校地合作，在环境大数据保护等方面开展研究，提高教师在大数据领域的科研能力。

（二）智能数据处理实验室建设

实验室建设要从教学、实践、科研等多方面考虑实验室的使用效能，安庆师范大学的智能数据处理实验室采用"边缘计算 + 计算"的建设思路，即"个人电脑 + 服务器云"的模式。传统的大数据实验室多采用"云终端 + 服务器云"的策略，终端没有本地计算资源和存储，只能面向远程云操作，实验室利用率不高；远程服务器只面向教学服务，也没有充分利用服务器计算资源。而面向科研的计算中心则没有考虑教学需要。将云终端改回传统的计算机，虽然增加资金投入，但是能大幅度提升实验室利用率，如计算机基础、数据结构等课程实验，可以不依赖云服务，在本地完成。教学、科研共用高性能服务器，能满足多方面需要，提高计算资源使用率。当前，安庆师范大学省级高校"智能感知与计算"重点实验室已建有高性能计算中心。数据中心计算资源既可满足重点实验室智能数据处理和大数据处理等科研业务需要，又能在数据中心服务器上架构大数据实验平台，为大数据专业实验实践教学服务。智能数据处理实验平台主要包括数据挖掘和大数据分析两大模块。数据挖掘模块主要用于支持向量机、随机森林、神经网络、决策树等传统的机器学习、数据挖掘算法；大数据分析模块主要包括平台配置与大数据处理算法两大类。智能数据处理实验平台能够满足日常教学管理、其他课程在线教学等需要，通过在线学习、原理验证、案例实验、综合实训等多层次实践训练，培养应用型人才。

（三）大数据实习实训基地建设

当前，大数据研究是比较新的学科，人才培养体系还有待完善，专业人才缺口较大，通过大数据实习实训基地的建设，可以让高校相关专业的教师了解和掌握大数据相关的知识技能，通过大数据实习实训基地研究的相关课题，教师还可以指导学生了解和掌握大数据的相关知识。通过大数据的专业人才培养方案、课程体系、实习实训基地的建设，可以培养更多适合时代发展的新技术人才，以快速适应市场需求。

多年实践经验表明，对于普通本科高校（特别是地方高校）而言，校外实习实训能有效提升学生的动手能力和综合素养。大数据研究方向的实践性非常强，而地方高校受数据规模、数据种类、计算资源硬件条件等限制，无法提供给学生较好的实践环境。为了更好地培养学生的实践能力，地方高校要与校外企业合作，在云计算、大数据和云存储等方面开展学生实习实训。实习实训基地要明确人才培养目标，与校内人才培养方案深度契合，充分利用基地资源优势，开展大数据类技术技能培训，全面开展学生实训教学，突出对学生实践能力和职业能力的培养。在大一阶段，实习实训基地参与专业认知、职业素养、创新创业教育等课程教学，加强学生对专业的认识，培养学生的基本职业素养；在大二阶段，实习实训基地参与 Python 智能数据处理等课程的课程设计与教学，夯实学生的专业技能基础；在大三与大四阶段，实习实训基地承担校内综合实训、校外实训等学生综合能力方面的培养教学，参与培养学生的个人综合素养。

（四）"互联网＋大数据＋行业"的大学生创新创业能力建设

创新创业教育具有重大的现实意义和长远的战略意义，具有很强的实践性和应用性，需要高校通过各种渠道，利用一切可以利用的资源，积极为大学生搭建创新创业实践平台。创新创业能力是学生综合实践能力的体现，也是对高校实践教学能力的综合检验。目前，大数据在各个行业还处在起步阶段，创新创业机会较多，成功率较高。鼓励并引导学生面向行业，寻求创新创业机会，既提高了学生的自身价值，解决了就业问题，又提升了高校的教育教学水平。在校内阶段，通过创新创业类课程教育，培养学生的创新创业能力；以国家级、省级大学生创新创业项目为契机，鼓励学生积极参与；以安徽省大数据和人工智能竞赛为实践平台，检验学生的专业素养。

（五）建设大数据课程群和优质教学资源库

涵盖大数据内容的课程有：大数据处理技术、数据分析云计算、数据可视化、并行与分布式计算和大数据案例分析等。按照就业方向，可分为大数据技术课程群、大数据软件开发课程群、数据挖掘与分析课程群等。引入行业与企业的技术标准和岗位任职要求，校企可实现共同开发大数据专业课程标准和教学资源，建设教学案例库。按照大数据处理要求，由追求单门课程内容的严密、完整转为要求课程群内部的衔接、完善，使课程之间由原来的相互隔离转变为相互贯通，相互重叠转变为相互补充，建成大数据课程群。厘清课程内容的关系，可促进课程结构的优化，提高教学质量。企业提供的资源，高校可通过共享、共建或购买服务等方式获得。目前，安庆师范大学作为大数据实验平台的一部分与企业共建大数据课程群和优质教学资源库。

大数据是一门多学科交叉融合的新兴学科，市场对其人才的需求量较大。作为地方本科高校，应立足自身定位，培养市场需要的大数据人才，充分满足地方经济的发展需要，为新兴产业发展服务。本节以安庆师范大学为例，阐述了面向应用型大数据人才培养的专业建设思路。目前，安庆师范大学已建成数据科学与大数据技术人才培养方案，参与计算机类专业大类培养，并积极对接工程专业认证标准。该校已外派多名教师参加相关培训，专业实验室建设正在进行中。

参考文献

[1] 李娜. 大数据时代高等教育规范化管理研究 [M]. 北京：中国纺织出版社，2019.

[2] 吕林涛. 大数据技术及其应用 [M]. 北京：科学出版社，2019.

[3] 肖君. 教育大数据 [M]. 上海：上海科学技术出版社，2019.

[4] 陈明. 大数据概论 [M]. 北京：科学出版社，2015.

[5] 梅宏. 大数据导论 [M]. 北京：高等教育出版社，2018.

[6] 赵勇，林辉，沈寓实. 大数据革命：理论、模式与技术创新 [M]. 北京：电子工业出版社，2014.

[7] 赵伟. 大数据在中国 [M]. 南京：江苏文艺出版社，2014.

[8] 岑洁玲. 大数据时代高等教育面临的挑战与革新 [J]. 辽宁科技学院学报，2016（5）：52-53.

[9] 王洪鹤. 大数据时代背景下大学生思想政治教育创新研究 [J]. 高等教育，2019（12）：146.

[10] 宋朝霞，俞启定. 基于翻转课堂的项目式教学模式研究 [J]. 远程教育杂志，2014（1）：96-104.

[11] 马辉. 高等教育研究在大数据时代的特征 [J]. 科技创新导报，2019（34）：215.